Learn Russian with Chekhov's Little Trilogy

HypLern Interlinear Project
www.hyplern.com

First edition: 2025, October

Author: Антон Чехов
Translation: Kees van den End
Foreword: Camilo Andrés Bonilla Carvajal PhD

ISBN: 978-1-989643-39-6

kees@hyplern.com
www.hyplern.com

Learn Russian with Chekhov's Little Trilogy

Interlinear Russian to English

Author
Антон Чехов

Translation
Kees van den End

HypLern Interlinear Project
www.hyplern.com

The HypLern Method

Learning a foreign language should not mean leafing through page after page in a bilingual dictionary until one's fingertips begin to hurt. Quite the contrary, through everyday language use, friendly reading, and direct exposure to the language we can get well on our way towards mastery of the vocabulary and grammar needed to read native texts. In this manner, learners can be successful in the foreign language without too much study of grammar paradigms or rules. Indeed, Seneca expresses in his sixth epistle that "Longum iter est per praecepta, breve et efficax per exempla[1]."

The HypLern series constitutes an effort to provide a highly effective tool for experiential foreign language learning. Those who are genuinely interested in utilizing original literary works to learn a foreign language do not have to use conventional graded texts or adapted versions for novice readers. The former only distort the actual essence of literary works, while the latter are highly reduced in vocabulary and relevant content. This collection aims to bring the lively experience of reading stories as directly told by their very authors to foreign language learners.

Most excited adult language learners will at some point seek their teachers' guidance on the process of learning to read in the foreign language rather than seeking out external opinions. However, both teachers and learners lack a general reading technique or strategy. Oftentimes, students undertake the reading task equipped with nothing more than a bilingual dictionary, a grammar book, and lots of courage. These efforts often end in frustration as the student builds mis-constructed nonsensical sentences after many hours spent on an aimless translation drill.

Consequently, we have decided to develop this series of interlinear translations intended to afford a comprehensive edition of unabridged texts. These texts are presented as they were originally written with no changes in word choice or order. As a result, we have a translated piece conveying the true meaning under every word from the original work. Our readers receive then two books in just one volume: the original version and its translation.

The reading task is no longer a laborious exercise of patiently decoding unclear and seemingly complex paragraphs. What's more, reading becomes an enjoyable and meaningful process of cultural, philosophical and linguistic learning. Independent learners can then acquire expressions and vocabulary while understanding pragmatic and socio-cultural dimensions of the target language by reading in it rather than reading about it.

Our proposal, however, does not claim to be a novelty. Interlinear translation is as old as the Spanish tongue, e.g. "glosses of [Saint] Emilianus", interlinear bibles in Old German, and of course James Hamilton's work in the 1800s. About the latter, we remind the readers, that as a revolutionary freethinker he promoted the publication of Greco-Roman classic works and further pieces in diverse languages. His effort, such as ours, sought to lighten the exhausting task of looking words up in large glossaries as an educational practice: "if there is any thing which fills reflecting men with melancholy and regret, it is the waste of mortal time, parental money, and puerile happiness, in the present method of pursuing Latin and Greek[2]".

Additionally, another influential figure in the same line of thought as Hamilton was John Locke. Locke was also the philosopher and translator of the Fabulae AEsopi in an interlinear plan. In 1600, he was already suggesting that interlinear texts, everyday communication, and use of the target language could be the most appropriate ways to achieve language learning:

> ...the true and genuine Way, and that which I would propose, not only as the easiest and best, wherein a Child might, without pains or Chiding, get a Language which others are wont to be whipt for at School six or seven Years together...[3]

---

1   "The journey is long through precepts, but brief and effective through examples". Seneca, Lucius Annaeus. (1961) Ad Lucilium Epistulae Morales, vol. I. London: W. Heinemann.

2   In: Hamilton, James (1829?) History, principles, practice and results of the Hamiltonian system, with answers to the Edinburgh and Westminster reviews; A lecture delivered at Liverpool; and instructions for the use of the books published on the system. Londres: W. Aylott and Co., 8, Pater Noster Row. p. 29.

3   In: Locke, John. (1693) Some thoughts concerning education. Londres: A. and J. Churchill. pp. 196-7.

Who can benefit from this edition?

We identify three kinds of readers, namely, those who take this work as a search tool, those who want to learn a language by reading authentic materials, and those attempting to read writers in their original language. The HypLern collection constitutes a very effective instrument for all of them.

1. For the first target audience, this edition represents a search tool to connect their mother tongue with that of the writer's. Therefore, they have the opportunity to read over an original literary work in an enriching and certain manner.
2. For the second group, reading every word or idiomatic expression in its actual context of use will yield a strong association between the form, the collocation, and the context. This will have a direct impact on long term learning of passive vocabulary, gradually building genuine reading ability in the original language. This book is an ideal companion not only to independent learners but also to those who take lessons with a teacher. At the same time, the continuous feeling of achievement produced during the process of reading original authors both stimulates and empowers the learner to study[1].
3. Finally, the third kind of reader will notice the same benefits as the previous ones. The proximity of a word and its translation in our interlinear texts is a step further from other collections, such as the Loeb Classical Library. Although their works might be considered the most famous in this genre, the presentation of texts on opposite pages hinders the immediate link between words and their semantic equivalence in our native tongue (or one we have a strong mastery of).

---

1 Some further ways of using the present work include:

1. As you progress through the stories, focus less on the lower line (the English translation). Instead, try to read through the upper line, staying in the foreign language as long as possible.
2. Even if you find glosses or explanatory footnotes about the mechanics of the language, you should make your own hypotheses on word formation and syntactical functions in a sentence. Feel confident about inferring your own language rules and test them progressively. You can also take notes concerning those idiomatic expressions or special language usage that calls your attention for later study.
3. As soon as you finish each text, check the reading in the original version (with no interlinear or parallel translation). This will fulfil the main goal of this

collection: bridging the gap between readers and original literary works, training them to read directly and independently.

Why interlinear?

Conventionally speaking, tiresome reading in tricky and exhausting circumstances has been the common definition of learning by texts. This collection offers a friendly reading format where the language is not a stumbling block anymore. Contrastively, our collection presents a language as a vehicle through which readers can attain and understand their authors' written ideas.

While learning to read, most people are urged to use the dictionary and distinguish words from multiple entries. We help readers skip this step by providing the proper translation based on the surrounding context. In so doing, readers have the chance to invest energy and time in understanding the text and learning vocabulary; they read quickly and easily like a skilled horseman cantering through a book.

Thereby we stress the fact that our proposal is not new at all. Others have tried the same before, coming up with evident and substantial outcomes. Certainly, we are not pioneers in designing interlinear texts. Nonetheless, we are nowadays the only, and doubtless, the best, in providing you with interlinear foreign language texts.

Handling instructions

Using this book is very easy. Each text should be read at least three times in order to explore the whole potential of the method. The first phase is devoted to comparing words in the foreign language to those in the mother tongue. This is to say, the upper line is contrasted to the lower line as the following example shows:

Иван	Иваныч	быстро	оглянулся	в	сарай	и	сказал:
Ivan	Ivanitsh	quickly	looked around	in	(the) shed	and	said

The second phase of reading focuses on capturing the meaning and sense of the original text. As readers gain practice with the method, they should be able to focus on the target language without getting distracted by the translation. New users of the method, however, may find it helpful to cover the translated lines with a piece of paper as illustrated in the image below. Subsequently, they try to understand the meaning of every word, phrase, and entire sentences in the target language itself, drawing on the translation only when necessary. In this phase, the reader should resist the temptation to look at the translation for every word. In doing so, they will find that they are able to understand a good portion of the text by reading directly in the target language, without the crutch of the translation. This is the skill we are looking to train: the ability to read and understand native materials and enjoy them as native speakers do, that being, directly in the original language.

Иван Иваныч быстро оглянулся в сарай и сказал:
Ivan Ivanitsh

In the final phase, readers will be able to understand the meaning of the text when reading it without additional help. There may be some less common words and phrases which have not cemented themselves yet in the reader's brain, but the majority of the story should not pose any problems. If desired, the reader can use an SRS or some other memorization method to learning these straggling words.

Иван Иваныч быстро оглянулся в сарай и сказал:

Above all, readers will not have to look every word up in a dictionary to read a text in the foreign language. This otherwise wasted time will be spent concentrating on their principal interest. These new readers will tackle authentic texts while learning their vocabulary and expressions to use in further communicative (written or oral) situations. This book is just one work from an overall series with the same purpose. It really helps those who are afraid of having "poor vocabulary" to feel confident about reading directly in the language. To all of them and to all of you, welcome to the amazing experience of living a foreign language!

Additional tools

Check out shop.hyplern.com or contact us at info@hyplern.com for free mp3s (if available) and free empty (untranslated) versions of the eBooks that we have on offer.

For some of the older eBooks and paperbacks we have Windows, iOS and Android apps available that, next to the interlinear format, allow for a pop-up format, where hovering over a word or clicking on it gives you its meaning. The apps also have any mp3s, if available, and integrated vocabulary practice.

Visit the site hyplern.com for the same functionality online. This is where we will be working non-stop to make all our material available in multiple formats, including audio where available, and vocabulary practice.

Table of Contents

Chapter   Page

Человек в футляре
The man in the box

На	самом	краю	села	Мироносицкого,	в
At	(the) very	edge	of the village	of Mironositskovo	in

сарае	старосты	Прокофия	расположились	на
(the) barn	(of the) elder	Prokofi	were located	in

ночлег	запоздавшие	охотники.	Их	было
lodging	(some) late	hunters	(Of) them	was
				There were

только	двое:	ветеринарный	врач	Иван	Иваныч
only	two	veterinarian	doctor	Ivan	Ivanitsh

и	учитель	гимназии	Буркин.	У	Ивана
and	teacher	(the) gymnasium	Burkin.	With	Ivan
		at the high school			

Иваныча	была	довольно	странная,	двойная
Ivanitsh	was	(a) rather	odd	double

фамилия	—Чимша-Гималайский,	которая	совсем
surname	Tshimsha-Gimalaiskii	which	entirely

не	шла	ему,	и	его	во	всей	губернии	звали
not	walked	to him	and	him	in	all	(the) district	(they) called
	suited him							

просто по имени и отчеству; он жил около
simply by (the) name and family name he lived near

города на конском заводе и приехал теперь
(of the) town at (the) horse factory and arrived now

на охоту, чтобы подышать чистым воздухом.
on hunt in order to breathe clean air

Учитель же гимназии Буркин каждое лето
Teacher then (the) gymnasium Burkin each summer
The teacher at the high school

гостил у графов П. и в этой местности
visited with count P. and in this place

давно уже был своим человеком.
long ago already was his man
at home

Не спали. Иван Иваныч, высокий, худощавый
Not (they) slept Ivan Ivanitsh (a) tall thin

старик с длинными усами, сидел снаружи у
old man with long moustaches sat outside at

входа и курил трубку; его освещала
(the) entrance and smoked (the) pipe him illuminated

3

луна. Буркин лежал внутри на сене, и его
(the) moon Burkin was lying inside on (the) hay and him

не было видно в потемках.
not was visible in (the) darkness

Рассказывали разные истории. Между прочим
(They) told various stories Between other (things)

говорили о том, что жена старосты, Мавра,
(they) talked about that that (the) wife of the elder Maura

женщина здоровая и не глупая, во всю свою
(a) woman healthy and not dumb in all her

жизнь нигде не была дальше своего родного
life nowhere not was further from her of birth

села, никогда не видела ни города, ни
village never -not- saw neither (the) city nor

железной дороги, а в последние десять лет
(the) iron road and in (the) last ten years
the rail-

всё сидела за печью и только по ночам
all sat for (the) furnace and only on (the) nights
only

выходила   на   улицу.
came out   on   (the) street

—Что   же   тут   удивительного!—   сказал   Буркин.
That   then   here   (is) astonishing   said   Burkin

—Людей,   одиноких   по   натуре,   которые,   как
People   lonely   by   nature   which   like
                                                   who

рак-отшельник   или   улитка,   стараются   уйти   в
cancer-hermit   or   snail   try   to leave   in
  a hermit crab

свою   скорлупу,   на   этом   свете   не   мало.
their   shell   on   this   (the) world   not   (are) few

Быть   может,   тут   явление   атавизма,
Be   can   here   (a) phenomenon   (of) atavism
  It is possible   this is

возвращение   к   тому   времени,   когда   предок
(a) return   to   that   time   when   (the) ancestor

человека   не   был   еще   общественным   животным
(of) man   not   was   still   (a) social   being

и   жил   одиноко   в   своей   берлоге,   а
and   lived   lonely   in   his   den   and

может быть, это просто одна из
can be this (is) simply one from
maybe

разновидностей человеческого характера, кто
varieties (of the) human character who

знает? Я не естественник и не мое дело
knows I not (a) naturalist and not my case
I am not it is not thing

касаться подобных вопросов; я только хочу
to touch similar questions I only want

сказать, что такие люди, как Мавра, явление
to say that such people like Maura (a) phenomenon

не редкое. Да вот, недалеко искать, месяца
not rare Yes here not far to search for months

два назад умер у нас в городе некий Беликов,
two back died with us in town some Velikov

учитель греческого языка, мой товарищ. Вы о
teacher of the Greek language my comrade You about

нем слышали, конечно. Он был замечателен
him heard of course He was remarkable

тем, что всегда, даже в очень хорошую
with that / that / always / even / in / very / good

погоду, выходил в калошах и с зонтиком
weather / (he) went out / in / galoshes / and / with / (an) umbrella
rubber overshoes

и непременно в теплом пальто на вате.
and / without fail / in / warm / overcoats / on / cotton wool
cottoned overcoats

И зонтик у него был в чехле, и часы
And / (the) umbrella / with / him / was / in / (a) case / and / (a) watch

в чехле из серой замши, и когда вынимал
in / (a) case / from / grey / suede / and / when / (he) took out

перочинный нож, чтобы очинить карандаш, то
(a) pen- / knife / in order to / sharpen / (a) pencil / then

и нож у него был в чехольчике; и
also / (the) knife / with / him / was / in / (a) case / and

лицо, казалось, тоже было в чехле, так как он
(the) face / (it) seemed / also / was / in / (a) case / so / as / he

всё время прятал его в поднятый воротник. Он
all / (the) time / hid / it / in / (a) raised / collar / He

носил темные очки, фуфайку, уши закладывал
wore   dark   glasses   sweaters   (the) ears   filled

ватой, и когда садился на
with cotton wool   and   when   (he) sat down himself   on

извозчика, то приказывал поднимать верх.
(the) coach   then   (he) ordered   to raise   (the) top
                                             (of the coach)

Одним словом, у этого человека наблюдалось
One   word   with   this   man   one observed

постоянное и непреодолимое стремление
(the) constant   and   overwhelming   tendency

окружить себя оболочкой, создать себе, так
to cover   himself   with a shell   to build   himself   so

сказать, футляр, который уединил бы его,
to say   (a) box   which   secluded   would be   him

защитил бы от внешних влияний.
protected   would   from   outside   influences

Действительность раздражала его, пугала,
Reality   annoyed   him   frightened (him)

держала в постоянной тревоге, и, быть может,
kept (him) in constant anxiety and be (it) can possibly

для того, чтобы оправдать эту свою робость,
for that in order to justify this his timidity

свое отвращение к настоящему, он всегда
his aversion to (the) present he always

хвалил прошлое и то, чего никогда не было;
praised (the) past and then what never not was

и древние языки, которые он преподавал,
also (the) ancient languages which he taught

были для него, в сущности, те же калоши и
were for him in essence those very galoshes and

зонтик, куда он прятался от действительной
umbrella where he hid from (the) real

жизни.
life

—О, как звучен, как прекрасен греческий
About how resounding how glorious (the) greek

язык!— говорил он со сладким выражением; и,
tongue said he with sweet expression and

как бы в доказательство своих слов, прищурив
as would in evidence of his words screwing up

глаз и подняв палец, произносил:
(the) eyes and after raising (the) finger pronounced

—Антропос!
Antropos
(Greek: human)

И мысль свою Беликов также старался
And (the) thought (of) his Velikov also tried
his thoughts

запрятать в футляр. Для него были ясны только
to hide in (a) case For him were clear only

циркуляры и газетные статьи, в которых
circulars and newspaper articles in which

запрещалось что-нибудь. Когда в циркуляре
was prohibited something When in circulars

запрещалось ученикам выходить на улицу
was forbidden to the students to go out on (the) street

после девяти часов вечера или в какой-нибудь
after six hours evening or in some

статье запрещалась плотская любовь, то это
article was forbidden carnal love then this

было для него ясно, определенно; запрещено—
was for him clear definitely forbidden

и баста. В разрешении же и позволении
and basta / enough In permission then and allowance

скрывался для него всегда элемент
had disappeared for him always (the) element

сомнительный, что-то недосказанное и
(of) doubt something unspoken and

смутное. Когда в городе разрешали
vague When in town (they) permitted

драматический кружок, или читальню, или
dramatic circles / theater groups or reading or

чайную, то он покачивал головой и говорил
teahouse then he shook (with the) head and said

11

тихо:
quietly

—Оно,	конечно,	так-то	так,	всё	это
It	of course	such (is) then	so	all	this (is)

прекрасно,	да как бы	чего не вышло.
great	yes how would be	what not went out
	but what will come of it

Всякого	рода	нарушения,	уклонения,	отступления
Any	kind	(of) violation	evasion	deviation

от	правил	приводили	его	в	уныние,	хотя,
from	(the) rules	brought	him	in	despondency	although

казалось	бы,	какое	ему	дело?	Если
(it) seemed	would	what	to him	(the) case(it) matter	If

кто	из	товарищей	опаздывал	на	молебен,	или
who	from	(the) comrades	was late	on	prayer service	or
anyone

доходили	слухи	о	какой-нибудь	проказе
(him) reached	rumors	about	some	prank

гимназистов,	или	видели	классную	даму	поздно
(of the) students	or	(they) saw	(the) class	lady	late

вечером	с	офицером,	то	он	очень
(in the) evening	with	(an) officer	then	he	much

волновался	и	всё	говорил,
felt worried	and	all	said

как	бы	чего	не	вышло.	А	на	педагогических
as	would	what	not	went out	And	on	pedagogical
		what will come of it					

советах	он	просто	угнетал	нас	своею
counsels	he	simply	oppressed	us	with his

осторожностью,	мнительностью	и	своими	чисто
caution	suspiciousness	and	his	clean

футлярными	соображениями	насчет	того,	что
cased	considerations	about	that	that

вот-де	в	мужской	и	женской	гимназиях
lo and behold	in	male	and	female	gymnasiums high schools

молодежь	ведет	себя	дурно,	очень	шумит	в
youth	leads behaves	itself	bad	much	makes noise	in

классах,	—ах,	как	бы	не	дошло	до
(the) classes	ah	how	would	not	(it) reached	to

начальства, ах, как бы чего не вышло,— и что
(the) authority ah how would what not (it) left and that
the authorities what will come of it

если б из второго класса исключить
if would from (the) second class exclude
if one would

Петрова, а из четвертого— Егорова, то
Petrov and from (the) fourth Egorov then

было бы очень хорошо. И что же? Своими
was would very good And what then His
it would be

вздохами, нытьем, своими темными очками на
sighs whining his dark glasses on

бледном, маленьком лице, —знаете, маленьком
(the) pale small face (you) know (a) small

лице, как у хорька, —он давил нас всех, и
face like with (a) ferret he pressed us all and

мы уступали, сбавляли Петрову и Егорову балл
we yielded took away Petrov and Egorov points

по поведению, сажали их под арест и в
on behavior planted them under arrest and in
put

конце концов исключали и Петрова, и
(the) end (of) ends excluded both Petrov and

Егорова. Было у него странное
Egorov (There) was with him (a) strange

обыкновение— ходить по нашим квартирам.
habit to walk on our quarters
into

Придет к учителю, сядет и молчит и как
(He) would come to (a) teacher sit and be silent and as

будто что-то высматривает. Посидит, этак,
if something looks out Sits like that

молча, час-другой и уйдет. Это называлось у
silently hour-another and goes out This was called by

него "поддерживать добрые отношения с
him support good relations with

товарищами", и, очевидно, ходить к нам и
(the) comrades and obviously to walk to us and

сидеть было для него тяжело, и ходил он к
to sit was for him heavy and walked he to
difficult

нам только потому, что считал своею
us only therefore that (he) counted (it) his

товарищескою обязанностью. Мы, учителя,
comradely duty We teachers

боялись его. И даже директор боялся. Вот
were afraid of him And even (the) director was afraid Here

подите же, наши учителя народ всё
go then our teachers (the) people all

мыслящий, глубоко порядочный, воспитанный на
thinking deeply decent raised on

Тургеневе и Щедрине, однако же этот
Turgenev and Tsjedrin however then this

человечек, ходивший всегда в калошах и с
man going always in galoshes and with

зонтиком, держал в руках всю гимназию
(an) umbrella held in (the) hands all (the) gymnasium
the whole high school

целых пятнадцать лет! Да что гимназию?
(the) whole fifteen years! Yes that gymnasium

Весь город! Наши дамы по субботам домашних
All (the) city Our ladies on Saturdays domestic
The whole city

спектаклей не устраивали, боялись, как бы
spectacles not organized (they) were afraid as would
gatherings

он не узнал; и духовенство стеснялось при
he not found out and (the) clergy hesitated with
find out

нем кушать скоромное и играть в карты. Под
him to eat modestly and to play in cards Under

влиянием таких людей, как Беликов, за
(the) influence of such people like Belikov for

последние десять— пятнадцать лет в нашем
(the) last ten fifteen years in our

городе стали бояться всего. Боятся громко
town started to be afraid all (They) were afraid loudly

говорить, посылать письма, знакомиться, читать
to talk to send letters to meet people read

книги, боятся помогать бедным, учить грамоте...
books afraid to help (the) poor to teach literacy

Иван Иваныч, желая что-то сказать, кашлянул,
Ivan Ivanitsh desiring something to say coughed

но сначала закурил трубку, поглядел на луну
but first smoked (the) pipe looked at (the) moon

и потом уже сказал с расстановкой:
and then already said with arrangement
spacing out the words

—Да. Мыслящие, порядочные, читают и
Yes Thoughtful ones decent ones read also

Щедрина, и Тургенева, разных там Боклей и
Tsjedrin and Turgenev different there Boklei and

прочее, а вот подчинились же, терпели...
other (stuff) and here obeyed then endured

То-то вот оно и есть.
Now now here it also is

—Беликов жил в том же доме, где и я,—
Belikov lived in that very house where also I
where I did too

продолжал Буркин, —в том же этаже, дверь
continued Burkin in that very floor (the) door

против двери, мы часто виделись, и я знал
opposite (the) door we often saw each other and I knew

его домашнюю жизнь. И дома та же
his domestic life And at home that then

история: халат, колпак, ставни,
story (the) dressing gown cap (the) shutters

задвижки, целый ряд всяких запрещений,
latches (a) whole row of all sorts of prohibitions

ограничений, и —ах, как бы чего не вышло!
limitations and ah how would what not went out
what will come of it

Постное есть вредно, а скоромное нельзя,
Fasting is bad but meat impossible
Fasting was not for him but he could not eat meat

так как, пожалуй, скажут, что Беликов не
so as perhaps (they) will say that Belikov not
otherwise maybe

исполняет постов, и он ел судака на
fulfilled fasting and he was eating walleye on
so (fish)

коровьем масле, —пища не постная, но и
cow butter food not fasting but also

нельзя сказать, чтобы скоромная. Женской
impossible to say that it was meat Female
that he was eating meat

прислуги он не держал из страха, чтобы
servants he not held from fear that would
that they would

о нем не думали дурно, а держал повара
about him -not- thought bad but (he) held (the) cook

Афанасия, старика лет шестидесяти, нетрезвого
Afanasia (a) old lady years sixty drunk
of sixty years old

и полоумного, который когда-то служил в
and half-wit which once served in

денщиках и умел кое-как стряпать. Этот
orderlies and was capable somehow to cook This

Афанасий стоял обыкновенно у двери, скрестив
Afanasia stood usually by (the) door crossing

руки, и всегда бормотал одно и то же,
(the) hands and always muttered one and that then
the same

с глубоким вздохом:
with (a) deep sigh

—Много уж их нынче развелось!
Many already of them nowadays are divorced

Спальня у Беликова была маленькая, точно
Bedroom with Belikov was small exactly
Belikov's bedroom just like

ящик, кровать была с пологом. Ложась
(a) box (the) bed was with (a) canopy (He) laid himself

спать, он укрывался с головой; было жарко,
to sleep he sheltered with (the) head (it) was hot

душно, в закрытые двери стучался ветер, в
oppressive in (the) closed doors beat (the) wind in
on

печке гудело; слышались вздохи из
(the) stove (it) hummed (there) were heard sighs from

кухни, вздохи зловещие...
(the) kitchen sighs sinister

И ему было страшно под одеялом. Он
And to him (it) was scary under (the) blanket He

боялся, как бы чего не вышло, как бы его не
feared as would what not came out how would him not
what it would come to

зарезал Афанасий, как бы не забрались воры,
slaughter Afanasia how would not after took thieves climb in

и потом всю ночь видел тревожные сны, а
and then all night (he) saw disturbing dreams and

утром, когда мы вместе шли в гимназию,
(in the) morning when we together went in (the) gymnasium high school

был скучен, бледен, и было видно, что
(he) was boring quiet pale and (it) was evident that

многолюдная гимназия, в которую он шел,
(the) well populated gymnasium high school in which he went

была страшна, противна всему существу его
was terrible contrary to all (the) essence (of) him

и что идти рядом со мной ему, человеку по
and that to go next with me to him (the) man on

натуре одинокому, было тяжко.
nature alone was hard

—Очень уж шумят у нас в классах,
Very already it's noisy with us in (the) classes

—говорил он, как бы стараясь отыскать
said he as would be trying to search

объяснения своему тяжелому чувству. —Ни на
clarification of his heavy feelings Not on

что не похоже.
that not seemed

И этот учитель греческого языка, этот человек
And this teacher (of the) Greek language this man

в футляре, можете себе представить, едва не
in (a) box (one) can oneself imagine hardly not
he almost

женился.
married

Иван Иваныч быстро оглянулся в сарай и
Ivan Ivanitsh quickly looked around in (the) shed and

сказал:
said

—Шутите!
Joke
You're kidding

—Да, едва не женился, как это ни странно.
Yes hardly not married as this not strange
he almost

Назначили к нам нового учителя истории и
(They) appointed to us (a) new teacher of history and

географии, некоего Коваленко, Михаила Саввича,
geography some Kovalenko Mikhail Savvitsh

из хохлов. Приехал он не один, а с сестрой
from Ukraine Arrived he not one but with (a) sister
alone

Варенькой. Он молодой, высокий, смуглый, с
Varenka He (was) young tall dark with

громадными руками, и по лицу видно, что
enormous hands and on (his) face evident that

говорит басом, и в самом деле, голос как
(he) speaks (with a) bass and in very case (the) voice as

из бочки: бу-бу-бу... А она уже не молодая,
from (a) barrel boo-boo-boo And she already not young

лет тридцати, но тоже высокая, стройная,
years thirty but also tall slender

чернобровая, краснощекая,— одним словом, не
black browed   red-cheeked   (with) one   word   not

девица, а мармелад, и такая разбитная,
(a) girl   but   marmalade   and   so   boisterous

шумная, всё поет малороссийские романсы и
noisy   all   sings   small-Russian   romances and   and
romance songs

хохочет. Чуть что, так и зальется голосистым
laughs   Just   that   so   also   flooded   (with) vociferous

смехом: ха-ха-ха! Первое, основательное
laughter   hahaha   First   (a) solid

знакомство с Коваленками у нас, помню,
friendship   with   (the) Kovalenko's   with   us   (I) remember

произошло на именинах у директора. Среди
occurred   on   patron saint's days   at   (the) director   Among

суровых, напряженно скучных педагогов, которые
harsh   tense   boring   pedagogues   which

и на именины-то ходят по обязанности, вдруг
also   on   that nameday   go   on   responsibilities   suddenly

25

видим, новая Афродита возродилась из
(we) see (a) new Aphrodite was revived from

пены: ходит подбоченясь, хохочет, поет,
(the sea) foam (she) goes with arms akimbo laughs sings

пляшет... Она спела с чувством "Виют
dances She sang with feeling Blow

витры", потом еще романс, и еще, и
(the) windows then still (a) romance (song) and still also

всех нас очаровала,— всех, даже Беликова. Он
all (of) us enchanted all even Belikov He

подсел к ней и сказал, сладко улыбаясь:
sat to her and said sweetly smiling

—Малороссийский язык своею нежностью и
Small-Russian tongue its tenderness and

приятною звучностью напоминает
pleasant feeling reminds

древнегреческий.
(the) ancient Greek (one)

Это польстило ей, и она стала рассказывать
This flattered her and she started to talk

ему с чувством и убедительно, что в
to him with feeling and frankness that in

Гадячском уезде у нее есть хутор, а на
Gadyach district with her is (a) farm and on
she has

хуторе живет мамочка, и там такие груши,
(the) farm lives little mother and there such pears
her mom

такие дыни, такие кабаки! У хохлов
such melons such taverns At (the) Ukraine
(Ukrainian: pumpkins)

тыквы называются кабаками, а кабаки
pumpkins are called taverns and taverns
(Ukrainian: pumpkins)

шинками, и варят у них борщ с
bars and (they) cook at them borsht with

красненькими и с синенькими "такой
reds and with blue so

вкусный, такой вкусный, что просто— ужас!"
tasty so tasty that simply horror

Слушали   мы,   слушали,   и   вдруг   всех   нас
Listened   we   listened   and   suddenly   all   us

осенила одна и та же мысль.
dawned   one   and   that   very   thought

—А хорошо бы их поженить,— тихо сказала
And   good   would   them   to marry   quietly   said

мне директорша.
to me   (the) director

Мы все почему-то вспомнили, что наш Беликов
We   all   somehow   remembered   that   our   Belikov

не женат, и нам теперь казалось странным,
not (was) married   and   to us   now   (it) seemed   strange

что мы до сих пор как-то не замечали,
that   we   until   these   times   somehow   not   noted

совершенно упускали из виду такую важную
completely   missed   from   view   such   important

подробность в его жизни. Как вообще он
detail   in   his   life   As   generally   one

относится к женщине, как он решает для себя
relates to (the) wife as one decides for himself

этот насущный вопрос? Раньше это не
this vital question Earlier this not

интересовало нас вовсе; быть может, мы не
interested us completely be can we not
                                       it is possible

допускали даже и мысли, что человек, который
allowed even also thoughts that (a) man who

во всякую погоду ходит в калошах и спит под
in all weather goes in galoshes and sleeps under

пологом, может любить.
(a) canopy can love

—Ему давно уже за сорок, а ей тридцать...—
To him long ago already for forty and her thirty

пояснила свою мысль директорша. —Мне
explained her thought (the) director To me

кажется, она бы за него пошла.
(it) seems she would for him went
                     would beperfect for him

Чего только не делается у нас в провинции
What only not is done with us in (the) province

от скуки, сколько ненужного, вздорного! И
from (the) boredom how many unnecessary absurd And

это потому, что совсем не делается то, что
this therefore that entirely not is done then what

нужно. Ну вот к чему нам вдруг
(is) necessary Well here to what to us suddenly

понадобилось женить этого Беликова, которого
was needed to marry this Belikov who

даже и вообразить нельзя было женатым?
even also to imagine impossible was married

Директорша, инспекторша и все наши
(The) director (the) inspector and all our

гимназические дамы ожили, даже похорошели,
gymnasiastic ladies came to life even became prettier
high school

точно вдруг увидели цель жизни. Директорша
as if suddenly (they) saw purpose (in) life (The) director

берет в театре ложу, и смотрим— в ее
carries in (the) theater loge and see in her

ложе сидит Варенька с этаким веером,
loge sits Varenka with that fan
(box)

сияющая, счастливая, и рядом с ней Беликов,
shining happy and next with her Belikov

маленький, скрюченный, точно его из дому
small shriveled as if him from (the) house

клещами вытащили. Я даю вечеринку, и
with tongs (they) dragged out I give a little evening and
a little party

дамы требуют, чтобы я непременно
(the) ladies demand in order that I without fail

пригласил и Беликова и Вареньку. Одним
invited also Belikov and Varenka One

словом, заработала машина. Оказалось, что
word worked (the) machine Turned out that

Варенька не прочь была замуж. Жить ей у
Varenka not averse was (to be) married To live her with

брата	было	не	очень-то	весело,	только	и
brother	was	not	very much then	happily	only	also

знали,	что	по	целым	дням	спорили	и
(they) knew	that	for	(the) whole	day	(they) argued	and

ругались.	Вот	вам	сцена:	идет	Коваленко	по
scolded	Here	to you	(the) scene	goes	Kovalenko	on

улице,	высокий,	здоровый	верзила,	в	вышитой
(the) street	(a) tall	good	brute	in	embroidered

сорочке,	чуб	из-под	фуражки	падает	на
shirt	(the) forelock	from under	(the) peak cap	falls	on

лоб;	в	одной	руке	пачка	книг,	в	другой
(the) forehead	in	one	hand	(a) stack	(of) books	in	another

толстая	суковатая	палка.	За	ним	идет	сестра,
(a) thick	gnarly	stick	Behind	him	goes	(the) sister

тоже	с	книгами.
also	with	books

—Да	ты	же,	Михайлик,	этого	не	читал!—	спорит
Yes	you	then	Michael	that	not	(I) read	argues

она громко. —Я же тебе говорю, клянусь, ты не
she loudly I then to you am telling (I) swear you not

читал же этого вовсе!
read then that completely

—А я тебе говорю, что читал! —кричит
And I to you am telling that (I) read (it) shouts

Коваленко, гремя палкой по тротуару.
Kovalenko thundering (with his) stick on (the) pavement

—Ах же, боже ж мой, Минчик! Чего же ты
Ah then god then my Mintsjik What then you

сердишься, ведь у нас же разговор
become angry indeed with us then conversation

принципиальный.
principled

—А я тебе говорю, что я читал!— кричит еще
And I to you am telling that I read (it) shouts still

громче Коваленко.
louder Kovalenko

А дома, как кто посторонний, так и
And at home as who outsider so also

перепалка. Такая жизнь, вероятно, наскучила,
skirmish Such life probably bored (her)

хотелось своего угла, да и возраст принять во
(she) wanted her own corner yes also (the) age to take in

внимание; тут уж перебирать некогда,
consideration here already handle no time

выйдешь за кого угодно, даже за учителя
goes out for whom is convenient even for teacher

греческого языка. И то сказать, для
(of) Greek language And then to say for

большинства наших барышень за кого ни выйти,
(the) majority (of) our young ladies for whom not to go out

лишь бы выйти. Как бы ни было, Варенька
just would go out As would not was Varenka

стала оказывать нашему Беликову явную
started to show our Velikov explicit

благосклонность.
favor

А Беликов? Он и к Коваленку ходил так же,
And Velikov He also to Kovalenko walked so then

как к нам. Придет к нему, сядет и
as to us (He) would come to him sit and

молчит. Он молчит, а Варенька поет ему
be silent He is silent and Varenka sings to him

"Виют витры", или глядит на него задумчиво
Blow windows or looks on him pensively

своими темными глазами, или вдруг зальется:
with her dark eyes or suddenly burst out

—Ха-ха-ха!
Hahaha

В любовных делах, а особенно в женитьбе,
In love affairs and especially in marriage

внушение играет большую роль. Все —и
suggestion plays (a) big role All both

товарищи, и дамы— стали уверять Беликова,
(his) comrades and ladies started to convince Belikov

что он должен жениться, что ему ничего
that he must marry that to him nothing

больше не остается в жизни, как жениться; все
more not is left in life as to marry all

мы поздравляли его, говорили с важными
we congratulated him said with serious

лицами разные пошлости, вроде того-же, что
faces different platitudes kind of the same that

брак есть шаг серьезный; к тому же
marriage is (a) step serious to that then

Варенька была недурна собой, интересна, она
Varenka was not bad herself interesting she

была дочь статского советника и имела
was (the) daughter (of a) state counselor and had

хутор, а главное, это была первая
(a) farm and (the) main (thing) this was (the) first

женщина, которая отнеслась к нему ласково,
woman which behaved to him affectionately

сердечно, —голова у него закружилась, и он
cordially (the) head with him whirled and he

решил, что ему в самом деле нужно
decided that to him in very case (it was) necessary

жениться.
to marry

—Вот тут бы и отобрать у него
See here (she) would also take away from him

калоши и зонтик, —проговорил Иван
(the) galoshes and (the) umbrella spoke Ivan

Иваныч.
Ivanitsh

—Представьте, это оказалось невозможным. Он
Imagine this turned out impossible He

поставил у себя на столе портрет Вареньки
placed with himself on (the) table (a) portrait (of) Varenka

и всё ходил ко мне и говорил о Вареньке,
and all walked to me and spoke about Varenka

о семейной жизни, о том, что брак есть
about family life about that that marriage is

шаг серьезный, часто бывал у Коваленков,
(a) step serious often used to visit with Kovalenko

но образа жизни не изменил нисколько. Даже
but (the) picture (of) life not changed not a bit Even

наоборот, решение жениться подействовало на
(the) opposite (the) solution to marry worked on

него как-то болезненно, он похудел,
him somehow sickening he became thinner

побледнел и, казалось, еще глубже ушел в свой
turned pale and (it) seemed still deeper left in his
crawled

футляр.
box

—Варвара Саввишна мне нравится,— говорил он
Varvara Savvishna to me is liked said he
(Varenka)

мне со слабой кривой улыбочкой, —и я знаю,
to me with (a) weak wry smile and I know

жениться необходимо каждому человеку, но... всё
to marry (it is) necessary to each man but all

это, знаете ли, произошло как-то вдруг...
this (you) know whether occurred somehow suddenly

Надо подумать.
Necessary to think

—Что же тут думать?— говорю ему. —Женитесь,
What then here to think (I) say to him Marry

вот и всё.
here and all
that is all

—Нет, женитьба— шаг серьезный, надо
No marriage (a) step serious necessary

сначала взвесить предстоящие обязанности,
first to weigh (the) impending responsibilities

ответственность... чтобы потом чего не
responsibility in order that then what not

вышло. Это меня так беспокоит, я теперь все
(it) went out This me so worries I now all

ночи не сплю. И, признаться, я боюсь: у нее
night not sleep And to admit I am afraid with her

с братом какой-то странный образ мыслей,
with brother some strange type (of) thoughts

рассуждают они как-то, знаете ли, странно,
reason they somehow (you) know maybe strange

и характер очень бойкий. Женишься, а
and (their) character (is) very glib Marry and

потом, чего доброго, попадешь в какую-нибудь
then what good (you) fall in some

историю.
story

И он не делал предложения, всё откладывал, к
And he not made (a) proposal all delayed to

великой досаде директорши и всех наших дам;
great grief (of the) director and all our ladies

всё взвешивал предстоящие обязанности и
all weighed (the) impending duties and

ответственность, и между тем почти каждый
responsibilities and between that almost every

день гулял с Варенькой, быть может, думал,
day walked with Varenka be can thought

что это так нужно в его положении, и
that this so necessary in him (the) position and

приходил ко мне, чтобы поговорить о
came to me in order to talk about
he used to come

семейной жизни. И, по всей вероятности, в
family life And on all probability in

конце концов он сделал бы предложение и
(the) end (of) ends he did would (a) proposal and
would have made

совершился бы один из тех ненужных, глупых
accomplished would one of those unnecessary stupid

браков, каких у нас от скуки и от
marriages which with us from (the) boredom and from

нечего делать совершаются тысячи, если бы
nothing to do are committed thousands if would

вдруг не произошел kolossalische Skandal.
suddenly not happened (a) colossal scandal
(German)

Нужно сказать, что брат Вареньки,
Necessary to say that (the) brother (of) Varenka

Коваленко, возненавидел Беликова с первого
Kovalenko conceived a hatred (of) Belikov from (the) first

же дня знакомства и терпеть его не мог.
very days (of) acquaintance and to endure him not could
could not stand him

—Не понимаю,— говорил он нам, пожимая
Not understand said he to us shaking
I don't understand shrugging

плечами, —не понимаю, как вы перевариваете
(the) shoulders not understand how you digest

этого фискала, эту мерзкую рожу. Эх, господа,
this fiscal this nasty breed Ah gentlemen
sneak

как вы можете тут жить! Атмосфера у вас
how you can here live (The) atmosphere with you

удушающая, поганая. Разве вы педагоги,
oppressing filthy Perhaps you pedagogs

учителя? Вы чинодралы, у вас не храм науки,
teachers You (are) clerks with you not temple sciences
there is no

а управа благочиния, и кислятиной воняет,
but (a) board good-order and sourness stinks
of security

как в полицейской будке. Нет, братцы, поживу
like in (a) police booth No little brothers (I) will live

с вами еще немного и уеду к себе на
with you still a little and go away to myself on

хутор, и буду там раков ловить и хохлят
(the) farm and will there crayfish catch and Ukrainians

учить. Уеду, а вы оставайтесь тут со своим
teach (I) go away and you remain here with his

Иудой, нехай вин лопне.
Judas may (of) fault burst
(Ukrainian)

Или он хохотал, хохотал до слез, то басом, то
Or he laughed laughed to tears then with bass then

тонким писклявым голосом, и спрашивал меня,
with thin squeaky voice and asked me

разводя руками:
spreading (his) arms

—Шо он у меня сидить? Шо ему надо?
What he with me to sit What to him necessary
does he want

Сидить и смотрить.
(He) sits and watches

Он даже название дал Беликову "глитай абож
He even name gave Belikov swallow or

паук". И, понятно, мы избегали говорить с
spider And (is) clear we avoided to talk with

ним о том, что сестра его Варенька
him about that that sister (of) his Varenka

собирается за "абож паука". И когда однажды
was going for or spider And when once

директорша намекнула ему, что хорошо бы
(the) director hinted to him that good would

пристроить   его   сестру   за   такого   солидного,
to attach   his   sister   to   such   (a) solid

всеми уважаемого человека, как Беликов, то   он
by all   respected   man   like   Belikov   then he

нахмурился   и   проворчал:
frowned   and   grumbled

—Не   мое   это   дело.   Пускай   она   выходит
Not   mine   this   matter   Let   she   go out
                                          her

   хоть   за гадюку,   а   я не люблю в   чужие
might as well for   viper   and I not   love   in strangers'
               with a viper

дела   мешаться.
business   mix

Теперь   слушайте,   что   дальше.   Какой-то
Now   listen   what   further (came)   Some

проказник нарисовал карикатуру: идет Беликов в
prankster   drew   (a) caricature   goes   Belikov   in

калошах, в подсученных брюках, под   зонтом,
galoshes   in   hoisted   trousers   under (an) umbrella

и с ним под руку Варенька; внизу
and with him under (the) hand Varenka below
by

подпись: "влюбленный антропос". Выражение
underwritten in love being human (The) expression

схвачено, понимаете ли, удивительно.
captured understand maybe (is) amazing
you will understand

Художник, должно быть, проработал
(The) artist must be worked
it must be

не одну ночь, так как все учителя мужской и
not one night so as all (the) teachers male and
not just one night

женской гимназий, учителя семинарии,
female (of the) high school teachers (of the) seminaries

чиновники, —все получили по экземпляру.
officials all received on copy
a

Получил и Беликов. Карикатура произвела на
Obtained also Belikov (The) caricature produced on

него самое тяжелое впечатление.
him same heavy impression
the most severe

Выходим мы вместе из дому, —это было как
Go out we together from (the) house this was as

раз первое мая, воскресенье, и мы все,
time first (of) May Sunday and we all

учителя и гимназисты, условились сойтись
teachers and schoolboys agreed to go together

у гимназии и потом вместе идти пешком
with (the) gymnasium and then together to go on foot
the high school

за город в рощу, —выходим мы, а он
for (the) city in (the) grove go out we and he
outside town

зеленый, мрачнее тучи.
green dark overcast

—Какие есть нехорошие, злые люди!—
What is not good evil people

проговорил он, и губы у него задрожали.
spoke he and (the) lips with him began to tremble

Мне даже жалко его стало. Идем, и вдруг,
To me even pity him became (We) go and suddenly
I got for him

можете себе представить, катит на велосипеде
(you) can yourself imagine rolls on (a) bicycle
rides

Коваленко, а за ним Варенька, тоже на
Kovalenko and behind him Varenka also on

велосипеде, красная, заморенная, но веселая,
(a) bicycle beautiful overwhelmed but merry

радостная.
happy

—А мы,— кричит она, —вперед едем! Уже ж
And we shouts she forward (we) ride Already then

такая хорошая погода, такая хорошая, что просто
such good weather such good that simply
so good

ужас!
horror
awesome

И скрылись оба. Мой Беликов из зеленого
And disappeared both My Belikov from green

стал белым и точно оцепенел. Остановился
became white and as if numb (He) stopped

и   смотрит на меня...
and   looks   at   me

—Позвольте, что   же   это такое?— спросил он.
Please   what then this such   asked   he
                              was this

—Или, быть может, меня обманывает зрение?
Or   be   can   me   deceives   (the) sight
       maybe

Разве   преподавателям   гимназии   и
Perhaps   (the) professors   (of the) high school   and

женщинам прилично ездить на велосипеде?
women   (it is) proper to ride on   (a) bicycle

—Что же тут неприличного?—   сказал   я.   —И
What then here   improper   said   I   And
       What is improper here

пусть катаются   себе   на здоровье.
let   (them) roll themselves for (the) health
      let them go on bicycle

—Да как же   можно?— крикнул он, изумляясь
Yes how then (is it) possible shouted he   astonished by

моему спокойствию. —Что вы говорите?!
my   calm   What you   say
                      What are you saying

И он был так поражен, что не захотел идти
And he was so amazed that not (he) wanted to go

дальше и вернулся домой.
further and returned home

На другой день он всё время нервно потирал
On another day he all (the) time nervously rubbed

руки и вздрагивал, и было видно по
(the) hands and shuddered and (it) was evident on

лицу, что ему нехорошо. И с занятий
(his) face that to him not good And from (the) class
he was not well

ушел, что случилось с ним первый раз в
(he) left that happened with him (the) first time in
which

жизни. И не обедал. А под вечер оделся
(his) life And not (he) dined And under evening got dressed

потеплее, хотя на дворе стояла совсем
warmer although on (the) yard stood entirely
outdoors it became

летняя погода, и поплелся к Коваленкам.
summer weather and (he) trudged off to (the) Kovalenko's

Вареньки	не	было	дома,	застал	он	только
Varenka	not	was	at home	caught found	he	only

брата.
(the) brother

—Садитесь,	покорнейше	прошу,—	проговорил
Sit down	(with) obediency	(I) ask	said

Коваленко	холодно	и	нахмурил	брови;
Kovalenko	coldly	and	frowned	(the) eyebrows

лицо	у	него	было	заспанное,	он
(the) face	with	him	was	sleepy	he

только	что	отдыхал	после	обеда	и	был	сильно
only	that	rested just had taken a nap	after	dinner	and	was	strongly

не	в	духе.
not	in	spirit

Беликов	посидел	молча	минут	десять	и
Belikov	sat for a while	silently	minutes a minute or ten	ten	and

начал:
began

—Я к вам пришел, чтоб облегчить душу.
I to you arrived in order to relieve (the) spirit

Мне очень, очень тяжело. Какой-то пасквилянт
To me very very heavy Some lampooner
it is hard

нарисовал в смешном виде меня и еще одну
drew in laughable form myself and still one

особу, нам обоим близкую. Считаю долгом
person to us both close (I) count (the) duty

уверить вас, что я тут ни при чем... Я не
to assure you that I here not with what I not

подавал никакого повода к такой насмешке,
gave not any reason to such mockery

—напротив же, всё время вел себя как
on (the) contrary then all (the) time behaved myself as

вполне порядочный человек.
(a) completely decent man

Коваленко сидел, надувшись, и молчал. Беликов
Kovalenko sat pouting and was silent Belikov

подождал	немного	и	продолжал	тихо,
waited	a little	and	continued	quietly

печальным	голосом:
(with) sorrowful	voice

—И	еще	я	имею	кое-что	сказать	вам.	Я	давно
And	still	I	have	something	to say	to you	I	long ago

служу,	вы	же	только	еще	начинаете	службу,	и
serve	you	then	only	still	begin	service	and

я	считаю	долгом,	как	старший	товарищ,
I	count (as)	(the) duty	as	(the) elder	comrade

предостеречь	вас.	Вы	катаетесь	на	велосипеде,
to warn	you	You	roll ride	on	(a) bicycle

а	эта	забава	совершенно	неприлична	для
and	this	fun	(is) completely	indecent	for

воспитателя	юношества.
(an) educator	(of the) youth

—Почему	же?—	спросил	Коваленко	басом.
Why	then	asked	Kovalenko	(with a) bass

—Да разве тут надо еще объяснять, Михаил
Yes perhaps here necessary still to explain Mikhail

Саввич, разве это не понятно? Если учитель
Savvitsh perhaps this not (is) clear If (a) teacher

едет на велосипеде, то что же остается
rides on (a) bicycle then what then is left

ученикам? Им остается только ходить на
(to the) students Them is left only to walk on

головах! И раз это не разрешено циркулярно,
(the) heads And time this not (is) allowed circularly
        since   per circular

то и нельзя. Я вчера ужаснулся! Когда я
then also (it is) impossible I yesterday was horrified When I

увидел вашу сестрицу, то у меня
saw your sister then with me

помутилось в глазах. Женщина или девушка на
clouded in (the) eyes Woman or girl on
blurred my vision

велосипеде —это ужасно!
bicycle this (is) terrible

—Что же собственно вам угодно?
What then strictly to you is convenient

—Мне угодно только одно— предостеречь
To me is convenient only one (thing) to warn

вас, Михаил Саввич. Вы— человек молодой, у
you Mikhail Savvitsh You (a) man young with

вас впереди будущее, надо вести себя
you in front (the) future necessary to behave yourself

очень, очень осторожно, вы же так манкируете,
very very carefully you then so skimp
neglect your duties

ох, как манкируете! Вы ходите в вышитой
oh how (you) neglect your duties You go in embroidered

сорочке, постоянно на улице с какими-то
shirt constantly on (the) street with some-then

книгами, а теперь вот еще велосипед. О
books and now here still (the) bicycle About

том, что вы и ваша сестрица катаетесь на
that that you and your sister ride on

55

велосипеде, узнает директор, потом дойдет до
(the) bicycle   finds out (the) director   then   (it) will come   to

попечителя...   Что же хорошего?
(the board of) trustee(s) (Is) that then   good

—Что я и сестра катаемся на велосипеде,
That   I and (my) sister   ride   on   (a) bicycle

никому нет до этого дела!— сказал Коваленко
to no one not to this business said Kovalenko

и побагровел. —А кто будет вмешиваться в мои
and became purple And who will mix in my

домашние и семейные дела, того я пошлю к
domestic and family affairs that one I send to

чертям собачьим.
(the) devil's   dogs

Беликов побледнел и встал.
Belikov   turned pale and arose

—Если вы говорите со мной таким тоном, то
If you speak with me (at) such (a) tone then

я не могу продолжать,— сказал он. —И прошу
I not can continue said he And (I) ask

вас никогда так не выражаться в моем
you never so not to express yourself in my

присутствии о начальниках. Вы должны с
presence about (our) principals You must with

уважением относиться к властям.
respect behave to (the) authorities

—А разве я говорил что дурное про властей?—
And really I spoke that bad about authorities

спросил Коваленко, глядя на него со злобой.
asked Kovalenko looking at him with spite

—Пожалуйста, оставьте меня в покое. Я
Please leave (me) me in peace I

честный человек и с таким господином,
(am an) honest man and with such (a) gentleman

как вы, не желаю разговаривать. Я не люблю
like you not (I) desire to talk I not love

фискалов.
fiscals
sneaks

Беликов нервно засуетился и стал одеваться
Belikov nervously bustled and started to dress

быстро, с выражением ужаса на лице. Ведь
quickly with (an) expression (of) horror on (the) face Indeed

это первый раз в жизни он слышал такие
this (was the) first time in (his) life (that) he heard such

грубости.
rudenesses

—Можете говорить, что вам угодно,— сказал
(You) can say that to you (it) is convenient said

он, выходя из передней на площадку лестницы.
he going out from (the) hall on (the) platform (of the) stairs
the landing

—Я должен только предупредить вас:
I must only warn you

быть может, нас слышал кто-нибудь, и, чтобы
be can us heard somebody and in order to
maybe

не   перетолковали   нашего   разговора   и
not   reinterpret   our   conversation   and

чего-нибудь не вышло, я должен буду доложить
something   not went out I obligated will be to report
something comes from it

господину   директору   содержание   нашего
(to the) gentleman   director   (the) contents   (of) our

разговора... в главных чертах. Я обязан это
conversation in (the) main lines I am obliged this

сделать.
to do

—Доложить? Ступай, докладывай!
To report   Go ahead   report

Коваленко схватил его сзади за воротник и
Kovalenko gripped him from behind by (the) collar and

пихнул, и Беликов покатился вниз по
shoved and Belikov rolled downward on

лестнице, гремя своими калошами. Лестница
(the) stairs thundering with his galoshes The stairs

59

была высокая, крутая, но он докатился донизу
was tall narrow but he rolled to the bottom

благополучно; встал и потрогал себя за
safely (he) arose and touched himself by

нос: целы ли очки? Но как раз в то
(the) nose whole whether (the) glasses But as time in that
unbroken right

время, когда он катился по лестнице, вошла
time when he rolled on (the) stairs entered

Варенька и с нею две дамы; они стояли
Varenka and with her two ladies they stood

внизу и глядели— и для Беликова это было
below and watched and for Belikov this was

ужаснее всего. Лучше бы, кажется, сломать
more horrible than all Better would (it) seems to break

себе шею, обе ноги, чем стать
himself (the) neck both legs of what to become
than

посмешищем; ведь теперь узнает весь город,
a laughing stock indeed now will find out all (the) city

дойдет   до   директора,   попечителя,   —ах,
goes to   to   (the) director   the trustee   ah

как бы чего не вышло!   —нарисуют   новую
how would what not went out   (they) will draw   (a) new
      what would come of it

карикатуру,   и   кончится   всё   это   тем,   что
caricature   and   will end   all   this   that   that

   прикажут   подать в отставку...
(they) order (him)   to get   in (his) resignation

Когда он поднялся, Варенька   узнала   его   и,
When   he   got up   Varenka   recognized   him   and

глядя   на   его   смешное   лицо,   помятое   пальто,
looking   at   his   funny   face   rumpled   overcoat

калоши, не   понимая,   в чем дело,   полагая, что
galoshes   not understanding   in what matter   assuming   that
                              what was the matter

это он упал   сам   нечаянно, не   удержалась
this he   fell   himself   accidentally   not   (she) restrained herself

   и   захохотала   на   весь дом:
and   burst into laughing   over   all   (the) house

61

—Ха-ха-ха!
Hahaha

И   этим   раскатистым,   заливчатым   "ха-ха-ха"
And   that   rolling   flooded   hahaha

завершилось   всё: и   сватовство,   и
ended   everything and (the) matchmaking and

земное   существование   Беликова.   Уже   он   не
(the) earthly   existence   (of) Belikov   Already he   not

слышал,   что   говорила   Варенька,   и   ничего   не
heard   what   said   Varenka   and   nothing   not

видел.   Вернувшись   к   себе   домой,   он   прежде
saw   After returning to   himself home   he   before

всего   убрал   со   стола   портрет,   а   потом   лег
all   took   from   (the) table (a) portrait and then   lay

и   уже   больше   не   вставал.
and   already more   not   got up

Дня через три   пришел   ко   мне   Афанасий   и
Days after three   arrived   to   me   Afanasia   and
After three days

спросил, не надо ли послать за доктором,
asked not necessary whether to send for (the) doctor

так как-де с барином что-то делается. Я
so how with (the) master something is done I

пошел к Беликову. Он лежал под пологом,
went to Belikov He was lying under (the) canopy

укрытый одеялом, и молчал; спросишь его,
covered (by the) blanket and was silent (you) ask him

а он только да или нет— и больше ни звука.
and he only yes or no and more not (a) sound

Он лежит, а возле бродит Афанасий, мрачный,
He lies and near roams Afanasia gloomy

нахмуренный, и вздыхает глубоко; а от него
frowning and sighs deeply and from him

водкой, как из кабака.
(a smell of) vodka as from (a) tavern

Через месяц Беликов умер. Хоронили мы его
After (a) month Belikov died Buried we him

все, то есть обе гимназии и семинария.
all that is both (the) gymnasium and (the) seminary
the high school

Теперь, когда он лежал в гробу, выражение
Now when he was lying in (the) coffin (the) expression

у него было кроткое, приятное, даже веселое,
with him was meek pleasant even happy

точно он был рад, что наконец его положили в
as if he was happy that finally him (they) laid in

футляр, из которого он уже никогда не
(a) box from which he already never not

выйдет. Да, он достиг своего идеала! И
will go out Yes he reached his ideal And

как бы в честь его во время похорон была
as would in honor (of) him in time (of) burial (it) was
as if it was

пасмурная, дождливая погода, и все мы были в
cloudy rainy weather and all we were in

калошах и с зонтами. Варенька тоже была на
galoshes and with umbrellas Varenka also was on

похоронах и, когда гроб опускали в
(the) burial and when (the) coffin (they) lowered in

могилу, всплакнула. Я заметил, что хохлушки
(the) grave (she) cried I noted that Ukrainians

только плачут пли хохочут, среднего же
only cry or laugh (a) middle then

настроения у них не бывает.
mood with them not occurs

Признаюсь, хоронить таких людей, как Беликов,
(I) admit to bury such people like Belikov

это большое удовольствие. Когда мы
this (is a) big pleasure When we

возвращались с кладбища, то у нас были
returned from (the) cemetery then with us were

скромные постные физиономии; никому не
modest lean physiognomies to no one not
meager

хотелось обнаружить этого чувства
(he) wanted to discover this feeling

удовольствия,— чувства, похожего на то, какое
(of) satisfaction   (a) feeling   appearing   like   that   what

мы испытывали давно-давно, еще в детстве,
we   experienced   long-long (ago)   still   in   childhood

когда старшие уезжали из дому и мы
when   (the) older (sibling)   went out   from   (the) house   and   we

бегали по саду час-другой, наслаждаясь
ran   on   (the) garden   for an hour or so   enjoying

полною свободой. Ах, свобода, свобода! Даже
complete   freedom   Ah   freedom   freedom   Even

намек, даже слабая надежда на ее возможность
hint   even   weak   hope   on   her   possibility

дает душе крылья, не правда ли?
gives   (ones) soul   wings   not   true   whether
isn't it

Вернулись мы с кладбища в добром
Returned   we   from   (the) cemetery   in   good

расположении. Но прошло не больше недели,
disposition   But   passed   not   more   (than) weeks

и жизнь потекла по-прежнему, такая же
and life flowed as before such same

суровая, утомительная, бестолковая, жизнь, не
austere tiresome stupid life not

запрещенная циркулярно, но и не разрешенная
forbidden (by) circulars but also not permitted

вполне; не стало лучше. И в самом деле,
fully not (it) became better And in (the) very case

Беликова похоронили, а сколько еще таких
Belikov (we) buried and how many still such

человеков в футляре осталось, сколько их
people in boxes remained how many (of) them

еще будет!
still will be

—То-то вот оно и есть,— сказал Иван Иваныч
That-then here it also is said Ivan Ivanitsh

и закурил трубку.
and smoked (the) pipe

—Сколько их еще будет!— повторил Буркин.
How many them still will be repeated Burkin
How many of them will there still be

Учитель гимназии вышел из сарая. Это был
Teacher (the) gymnasium left from (the) shed This was
The high school teacher

человек небольшого роста, толстый, совершенно
(a) man (of) not large build fat completely

лысый, с черной бородой чуть не по
bald with (with a) black beard just not on
almost to

пояс; и с ним вышли две собаки.
(the) waist and with him came out two dogs

—Луна-то, луна!— сказал он, глядя вверх.
(The) moon-then (the) moon said he looking upward

Была уже полночь. Направо видно было всё
(It) was already midnight (To the) right visible was whole

село, длинная улица тянулась далеко, верст
(the) village long street stretched far miles

на пять. Всё было погружено в тихий, глубокий
on five All was submerged in silence deep

сон; ни движения, ни звука, даже не
sleep neither motion nor sound even not

верится, что в природе может быть так тихо.
was to believe that in nature (it) can be so quiet

Когда в лунную ночь видишь широкую сельскую
When in (the) moon night (you) see (a) wide village

улицу с ее избами, стогами, уснувшими ивами,
street with her huts (hay) stacks sleeping willows

то на душе становится тихо; в этом своем
then in (one's) soul (it) becomes quiet in this its

покое, укрывшись в ночных тенях от трудов,
peace hiding in nightly shadows from labors

забот и горя, она кротка, печальна, прекрасна,
work and grief she (is) meek sad beautiful

и кажется, что и звезды смотрят на нее
and (it) seems that also (the) stars look on her

ласково и с умилением и что зла уже
affectionately and with tenderness and that evil already

нет на земле и всё благополучно. Налево
not on (the) earth and all (is) safe (To the) left

с края села начиналось поле; оно
from (the) edge (of the) village began (the) field it

было видно далеко, до горизонта, и во всю
was visible far to (the) horizon and in all

ширь этого поля, залитого лунным светом,
(the) width (of) this field flooded (by) moon- light

тоже ни движения, ни звука.
also neither motion nor sound

—То-то вот оно и есть,— повторил Иван
This-then here it also is repeated Ivan

Иваныч. —А разве то, что мы живем в городе в
Ivanitsh And perhaps this that we (we) live in town in

духоте, в тесноте, пишем ненужные бумаги,
stuffiness in tightness (we) write unnecessary papers

играем в винт —разве это не футляр? А то,
play in vint perhapsis this not (a) box And this
(game)

что мы проводим всю жизнь среди
that we carry out all life among
spend

бездельников, сутяг, глупых, праздных женщин,
idlers litigants idiots indolent women

говорим и слушаем разный вздор— разве это
(we) talk and listen various nonsense perhaps this
is

не футляр? Вот если желаете, то я расскажу
not (a) box Here if (you) wish then I tell

вам одну очень поучительную историю.
you one very instructive story

—Нет, уж пора спать,— сказал Буркин. —До
No already (it is) time to sleep said Burkin Until

завтра!
tomorrow

Оба пошли в сарай и легли на сене. И
Both went in (the) shed and lay on (the) hay And

уже оба укрылись и задремали, как вдруг
already both covered up and dozed off as suddenly

послышались   легкие   шаги: туп,   туп...   Кто-то
were heard   light   steps   step   step   Someone

ходил недалеко   от   сарая;   пройдет   немного
walked   not far   from (the) shed (there) will pass   a little

и   остановится,   а   через   минуту   опять: туп,
and   stops   and after   (a) minute   again   step

туп... Собаки   заворчали.
step   (the) dogs   grumbled

—Это Мавра ходит,— сказал Буркин.
This   Maura   goes   said   Burkin
 That is Maura who goes

Шаги   затихли.
(The) steps   went quiet

—Видеть   и   слышать,   как   лгут,—   проговорил
To see   and   to hear   how   (they) lie   spoke

Иван Иваныч, поворачиваясь на другой бок, —и
Ivan   Ivanitsch   turning himself   on (the) other   side   and

тебя   же   называют   дураком   за   то,   что   ты
you   then   call   (a) fool   for   this   that   you

терпишь эту ложь; сносить обиды, унижения,
endure these lies to pull down insults humiliation
to suffer

не сметь открыто заявить, что ты на стороне
not to dare openly declare that you (are) on (the) side

честных, свободных людей, и самому лгать,
(of the) honest free people and by yourself lie

улыбаться, и всё это из-за куска хлеба,
smile and all this from behind (a) piece (of) bread

из-за теплого угла, из-за какого-нибудь
from behind warm (a) corner from behind some

чинишка, которому грош цена, —нет,
mending to which (a) half copeck costs no
of which

больше жить так невозможно!
more to live so impossible
one can't live like that anymore

—Ну, уж это вы из другой оперы, Иван
Well already this you from another opera Ivan
is

Иваныч,— сказал учитель. —Давайте спать.
Ivanitsh said (the) teacher Let's sleep

И минут через десять Буркин уже спал. А
And minutes after ten Burkin already slept And

Иван Иваныч всё ворочался с боку на бок
Ivan Ivanitsh all tossed and turned from side to side

и вздыхал, а потом встал, опять вышел
and sighed and then got up again went out

наружу и, севши у дверей, закурил трубочку.
outside and sitting down at (the) doors smoked (a) little pipe

Крыжовник
Gooseberry

Еще с   раннего утра   всё   небо обложили
Still from (the) early morning (the) whole sky (they) overlaid
Already in

дождевые тучи; было тихо, не жарко и скучно,
rain   clouds (it) was quiet not hot and boring

как бывает в серые пасмурные дни, когда над
as happens in gray cloudy days when over

полем давно уже нависли тучи, ждешь
(the) field long ago already loom over (the) clouds (you) await

дождя, а его нет. Ветеринарный врач Иван
(the) rain and him no Veterinarian doctor Ivan
                it doesn't come

Иваныч и учитель гимназии Буркин уже
Ivanitsh and teacher (of the) gymnasium Burkin already
                of the high school

утомились идти, и поле представлялось им
were tired (of) to go and (the) field appeared them

бесконечным. Далеко впереди еле были видны
infinite　　　　　　Far　　in front　hardly　were　visible
just

ветряные мельницы села Мироносицкого,
wind-　　　mills　　(of the) village　(of) Mironositskovo

справа тянулся и потом исчезал далеко
from the right　extended　and　then　disappeared　far

за селом ряд холмов, и оба они знали,
behind　(the) village　(a) row　(of) hills　and　both　they　knew

что это берег реки, там луга,
that　this (was)　(the) shore　(of the) river　there　(the) meadow

зеленые ивы, усадьбы, и если стать на
(the) green　willows　homesteads　and　if　to become　on

один из холмов, то оттуда видно такое же
one　of　(the) hills　then　from there　visible　such　then

громадное поле, телеграф и поезд, который
vast　field　(the) telegraph　and　(the) train　which

издали похож на ползущую гусеницу, а в
from a distance　similar　to　(a) creeping　caterpillar　and　in

ясную погоду оттуда бывает виден даже
clear weather from there happens (to be) visible even

город. Теперь, в тихую погоду, когда вся
(the) city Now in quiet weather when entire

природа казалась кроткой и задумчивой, Иван
nature seemed gentle and thoughtful Ivan

Иваныч и Буркин были проникнуты любовью к
Ivanitsh and Burkin were imbued with love to

этому полю и оба думали о том, как велика,
this field and both thought about that how great

как прекрасна эта страна.
how beautiful this country (was)

—В прошлый раз, когда мы были в сарае у
In (the) last time when we were in (the) barn with

старосты Прокофия, —сказал Буркин, —вы
(the) elder Prokofia said Burkin you

собирались рассказать какую-то историю.
were beginning to tell some story

—Да, я хотел тогда рассказать про своего брата.
Yes I wanted then to tell about my brother

Иван Иваныч протяжно вздохнул и закурил
Ivan Ivanitsh lingeringly sighed and smoked

трубочку, чтобы начать рассказывать, но
(a) little pipe in order to begin to talk but

как раз в это время пошел дождь. И минут
as right then time in this time went it started to rain And minutes

через пять лил уже сильный дождь,
after five poured already strong rain

обложной, и трудно было предвидеть, когда он
overlaying incessant and difficult was to foresee when he it

кончится. Иван Иваныч и Буркин остановились
will end Ivan Ivanitsh and Burkin stopped

в раздумье; собаки, уже мокрые, стояли,
in reflection (the) dogs already wet stood

поджав хвосты, и смотрели на них с
tucking in (the) tails and (they) looked at them with

умилением.
tenderness

—Нам нужно укрыться куда-нибудь,—
To us (it is) necessary to cover ourselves somewhere

сказал Буркин. —Пойдемте к Алехину. Тут
said Burkin Let's go to Alechin Here

близко.
close

—Пойдемте.
Let's go

Они свернули в сторону и шли всё по
They turned off in (the) side and went all on
to

скошенному полю, то прямо, то забирая
leveled field then directly then took away
moved down moving off

направо, пока не вышли на дорогу. Скоро
(to the) right while not (they) came out on (a) road Soon
until

показались тополи, сад, потом красные
appeared poplars (a) garden then red

крыши амбаров; заблестела река, и открылся
roofs (of) barns shone (the) river and opened up

вид на широкий плес с мельницей и
(a) view on (a) wide (water) expanse with mills and

белою купальней. Это было Софьино, где жил
(a) white bathhouse This was Sofino where lived

Алехин.
Alechin

Мельница работала, заглушая шум дождя;
(The) mill worked muffling (the) noise (of the) rain
turned

плотина дрожала. Тут около телег стояли
(the) lock trembled Here near (a) cart stood

мокрые лошади, понурив головы, и ходили
wet horses drooping (the) heads and went

люди, накрывшись мешками. Выло сыро,
people covering themselves with bags (It) was damp

грязно, неуютно, и вид у плеса
dirty uncomfortable and (the) view at (the water) expanse

был холодный, злой. Иван Иваныч и Буркин
was   cold   sinister   Ivan   Ivanitsh   and   Burkin

испытывали уже чувство мокроты, нечистоты,
experienced   already   (a) feeling   (of) damp   uncleanliness
of being soaked

неудобства во всем теле, ноги отяжелели
inconvenience   in   all   (the) body   (the) feet   made heavy

от грязи, и когда, пройдя плотину, они
from   (the) mud   and   when   having walked   (the) dam   they

поднимались к господским амбарам, то
went up   to   (the) lordly   barn   then
the main farmhouse

молчали, точно сердились друг на друга.
(they) kept silent   as if   was angry   friend   on   (the) other
at each other

В одном из амбаров шумела веялка; дверь
In   one   of   (the) barns   sounded   (a) winnow   (the) door

была открыта, и из нее валила пыль. На
was   opened   and   from   her   poured out   dust   On

пороге стоял сам Алехин, мужчина лет
(the) threshold   stood   himself   Alechin   (a) man   (of) years

сорока,   высокий,   полный,   с   длинными
forty   tall   stout   with   long

волосами,   похожий   больше   на   профессора   или
hair   looking like   more   on   (a) professor   or

художника,   чем   на   помещика.   На   нем   была
artist   than   on   (a) country gentleman   On   him   was

белая,   давно   не   мытая   рубаха   с   веревочным
white   long ago   not   washed   shirt   with   (a) rope

пояском,   вместо   брюк   кальсоны,   и   на   сапогах
belt   instead of   trousers   pantaloons   and   on   (the) boots

тоже   налипли   грязь   и   солома.   Нос   и
also   stuck   mud   and   straw   (The) nose   and

глаза   были   черны   от   пыли.   Он   узнал   Ивана
(the) eyes   were   black   from   dust   He   recognized   Ivan

Иваныча   и   Буркина   и,   по-видимому,   очень
Ivanitsh   and   Burkin   and   visibly   much

обрадовался.
rejoiced

—Пожалуйте, господа, в дом,— сказал он,
Please gentlemen (go) in (the) house said he

улыбаясь. —Я сейчас, сию минуту.
smiling I (go) now this minute

Дом был большой, двухэтажный. Алехин жил
(The) house was big two-floored Alechin lived

внизу, в двух комнатах со сводами и с
below in two rooms with vaulted ceilings and with

маленькими окнами, где когда-то жили
small windows where once lived

приказчики; тут была обстановка простая, и
(the) clerks here was (the) furnishing simple and

пахло ржаным хлебом, дешевою водкой и
(it) smelled (like) rye bread cheap vodka and

сбруей. Наверху же, в парадных комнатах, он
harnesses At the top then in (the) ceremonial rooms he

бывал редко, только когда приезжали гости.
used to be rarely only when visited (the) guests

Ивана Иваныча и Буркина встретила в доме
Ivan Ivanitsh and Burkin met in (the) house

горничная, молодая женщина, такая красивая,
(a) maid (a) young woman so beautiful

что они оба разом остановились и поглядели
that they both at once stopped and looked

друг на друга.
friend on (the) other
at each other

—Вы не можете себе представить, как я
You not can yourself imagine how I

рад видеть вас, господа, —говорил Алехин,
(am) happy to see you gentlemen said Alechin

входя за ними в переднюю. —Вот не
entering behind them in (the) hall Here not

ожидал! Пелагея,— обратился он к
(I) expected (this) Pelagea turned he to

горничной, —дайте гостям переодеться во
(the) maid let (the) guests change clothes in

что-нибудь. Да кстати и я переоденусь.
something Yes by the way also I will change clothes

Только надо сначала пойти помыться, а то
Only necessary first to go wash myself since then

я, кажется, с весны не мылся. Не хотите
I (it) seems from spring not washed myself Not want (you)

ли, господа, пойти в купальню, а тут пока
maybe gentlemen go in (the) bathhouse or here (a) while

приготовят.
wait

Красивая Пелагея, такая деликатная и на вид
Beautiful Pelagea such (a) delicate and on sight

такая мягкая, принесла простыни и мыло, и
so soft brought sheets and soap and
friendly towels

Алехин с гостями вошел в купальню.
Alechin with (the) guests entered in (the) bathhouse

—Да, давно я уже не мылся,— говорил он,
Yes long I already not washed myself said he

раздеваясь. —Купальня у меня, как видите,
undressing The bathhouse with me as (you) see

хорошая, отец еще строил, но мыться
good (the) father still constructed but to wash oneself
                    my father had it built

как-то всё некогда.
somehow always no time

Он сел на ступеньке и намылил свои длинные
He sat on (the) step and washed his long

волосы и шею, и вода около него стала
hair and neck and water near him became

коричневой.
brown

—Да, признаюсь...— проговорил Иван Иваныч
Yes (I) admit spoke Ivan Ivanitsh

значительно, глядя на его голову.
meaningfully looking at his head

—Давно я уже не мылся... —повторил Алехин
Long I already not washed myself repeated Alechin

конфузливо и еще раз намылился, и вода
embarrassedly and still (one) time soaped himself and water

около него стала темно-синей, как чернила.
near him became dark blue like ink

Иван Иваныч вышел наружу, бросился в
Ivan Ivanitsh went out outside threw himself in

воду с шумом и поплыл под дождем,
(the) water with noise and swam under (the) rain

широко взмахивая руками, и от него шли
broadly waving (his) arms and from him went

волны, и на волнах качались белые лилии; он
waves and on (the) waves swayed white lilies he

доплыл до самой середины плеса и
swam until to (the) most middle (of the) expanse and

нырнул, и через минуту показался на другом
dived and after minute appeared in another

месте и поплыл дальше, и всё нырял,
place and swam further and all dived
still

стараясь достать дна. "Ах, боже мой...—
trying to get (to the) bottom Ah god (of) mine

повторял он, наслаждаясь. —Ах, боже мой..."
repeating he enjoying Ah god (of) mine

Доплыл до мельницы, о чем-то поговорил
(He) swam until to (the) mills about something talked

там с мужиками и повернул назад, и на
there with (the) men and turned back and in

середине плеса лег, подставляя свое лицо
(the) middle (of the) expanse lay setting up his face
moving upwards

под дождь. Буркин и Алехин уже оделись
under (the) rain Burkin and Alechin already got dressed

и собрались уходить, а он всё плавал и
and started to go out and he all swam and
still

нырял.
dove

—Ах, боже мой...— говорил он. —Ах, господи
Ah god my said he Ah lord

помилуй.
have mercy

—Будет вам!— крикнул ему Буркин.
Will be   to you   shouted   to him   Burkin
    It's all yours

Вернулись   в   дом.   И   только   когда   в
Returned   in   (the) house And   only   when   in

большой   гостиной   наверху   зажгли   лампу,
big   (the) visiting room   at the top   (they) lit up   (the) lamp
           the drawing-room   upstairs

и   Буркин   и   Иван   Иваныч,   одетые   в   шелковые
and   Burkin   and   Ivan   Ivanitsh   dressed   in   silk

халаты   и   теплые   туфли,   сидели   в   креслах,   а
bathrobes   and   warm   slippers   sat   in   armchairs   and

сам   Алехин,   умытый,   причесанный,   в   новом
himself   Alechin   washed   combed   in   (a) new

сюртуке,   ходил   по   гостиной,   видимо,   с
frock-coat   walked   on   (the) drawing-room   visible   with

наслаждением   ощущая   тепло,   чистоту,   сухое
enjoyment   feeling   warm   cleanliness   dry

платье, легкую обувь, и когда красивая
dress light footwear and when beautiful

Пелагея, бесшумно ступая по ковру и мягко
Pelagea noiselessly treading on (the) carpet and softly
friendly

улыбаясь, подавала на подносе чай с
smiling gave on (a) tray tea with

вареньем, только тогда Иван Иваныч приступил
jam only then Ivan Ivanitsh started

к рассказу, и казалось, что его слушали не
to (the) story and (it) seemed that him listened not

один только Буркин и Алехин, но также старые
one only Burkin and Alechin but also (the) old

и молодые дамы и военные, спокойно и
and young ladies and military people calmly and

строго глядевшие из золотых рам.
severely looking from (the) golden frames
(the paintings)

—Нас два брата,— начал он, —я, Иван Иваныч,
Us two brothers began he I Ivan Ivanitsh

и   другой—   Николай   Иваныч,   года на два
and   another   Nikolai   Ivanitsh   years on two
a year or two

помоложе. Я пошел по ученой части, стал
younger   I   went   on   scientific   part   started
specialization

ветеринаром,   а   Николай   уже   с
(the) veterinarian (course)   and   Nikolai   already   from

девятнадцати лет сидел в казенной палате. Наш
nineteen   years   sat   in bureaucratic chamber Our
the office

отец Чимша-Гималайский был из кантонистов,
father Tshimsha-Gimalaiskii   was from   cantonists

но, выслужив офицерский чин, оставил нам
but serving out (an) officer's rank left   to us

потомственное дворянство и именьишко. После
hereditary   nobility   and   title   After

его смерти именьишко у нас оттягали за
his death (the) title with us took away for
from

долги, но, как бы ни было, детство мы
debts   but   as   would not was   childhood   we
however it was

провели в деревне на воле. Мы, всё равно как
spent · in · (the) village · on · will · We · all · (the) same · as
free

крестьянские дети, дни и ночи проводили в
farmer · children · days · and · night · carried out · in
spent

поле, в лесу, стерегли лошадей, драли
(the) field · in · (the) forest · watched · (the) horses · tore down

лыко, ловили рыбу, и прочее тому подобное...
bast · caught · fish · and · other (stuff) · that · similar

А вы знаете, кто хоть раз в жизни поймал
And · you · know · who · might · once · in · (a) life · caught
ever

ерша или видел осенью перелетных дроздов,
ruff · or · saw · (in) autumn · migratory · thrushes
(bird)

как они в ясные, прохладные дни носятся
as · they · in · clear · cool · days · play

стаями над деревней, тот уже не
(in) flocks · over · (the) village · that (one) · already · (is) not

городской житель, и его до самой смерти
(a) city · inhabitant · and · him · to · (the) very · death

будет потягивать на · волю. Мой брат тосковал
will be to sip on freedom My brother languished
from

в казенной палате. Годы проходили, а он
in (the) bureaucratic chamber Years went by and he
the office

всё сидел на одном месте, писал всё те же
all sat in one place wrote all those then

бумаги и думал всё об одном и том же,
papers and thought all about one and that then
the same thing

как бы в деревню. И эта тоска у него
how would in (the) village And this melancholy with him
how it would be in the village

мало-помалу вылилась в определенное желание,
bit by bit poured out in (a) definite desire

в мечту купить себе маленькую усадебку
in (a) dream to buy himself (a) small manor

где-нибудь на берегу реки или озера.
somewhere on (the) shore (of a) river or (a) lake

Он был добрый, кроткий человек, я любил его,
He was (a) good gentle man I loved him

но эт185ому желанию запереть себя на всю жизнь
but this wish to lock up himself for all life

в собственную усадьбу я никогда не
in his own manor I never not

сочувствовал. Принято говорить, что
sympathized with Accepted to say that
It is customary

человеку нужно только три аршина земли.
(to a) man are necessary only three arshinas (of) earth
a man needs (measure)

Но ведь три аршина нужны трупу, а не
But indeed three arshinas are needed (by a) corpse and not

человеку. И говорят также теперь, что если
(a) man And (they) say also now that if

наша интеллигенция имеет тяготение к земле
our intelligentsia has (a) pull to (the) earth

и стремится в усадьбы, то это хорошо. Но
and aspires itself in manors then this (is) good But
to

ведь эти усадьбы те же три аршина земли.
indeed these manors those then three arshinas (of) earth
are

Уходить из города, от борьбы, от
To go out from (the) town from (the) struggles from

житейского шума, уходить и прятаться у
everyday's noise to go out and to hide with

себя в усадьбе— это не жизнь, это эгоизм,
himself in (the) manor this not life this egoism

лень, это своего рода монашество, но
sloth this (is) its kind (of) monkhood but

монашество без подвига. Человеку нужно не
monkhood without feats Man necessary not

три аршина земли, не усадьба, а весь земной
three arshinas (of) earth not (a) manor but all (the) earthly

шар, вся природа, где на просторе он
globe entire nature where on vastness he

мог бы проявить все свойства и особенности
could would to display all (of) himself and especially
would be able

своего свободного духа.
his free spirit

Брат	мой	Николай,	сидя	у	себя	в
Brother	mine	Nikolai	sitting	with	himself	in

канцелярии,	мечтал	о	том,	как	он	будет	есть
(the) chancellery	dreamed	about	that	how	he	will	eat

свои	собственные	щи,	от	которых	идет
his	own	cabbage soup	from	which	goes

такой	вкусный	запах	по	всему	двору,	есть	на
such	tasty	smell	on	(the) whole	yard	eat	on

зеленой	травке,	спать	на	солнышке,	сидеть	но
(the) green	grass	to sleep	in	(the) little sun	to sit	but

целым	часам	за	воротами	на	лавочке	и
(the) whole	hour	behind	(the) gates	on	(the) little bench	and

глядеть	на	поле	и	лес.
to look	on	(the) field	and	(the) forest

Сельскохозяйственные	книжки	и	всякие	эти
Village-owner Rural	books	and	all	these

советы	в	календарях	составляли	его	радость,
advices	in	calendars	constituted	his	happiness

любимую духовную пищу; он любил читать и
(his) favorite   spiritual   food   he   loved   to read   also

газеты, но читал в них одни только
newspapers   but   read   in   them   some   only

объявления о том, что продаются столько-то
advertisement   about   that   that   is sold   some

десятин пашни и луга с усадьбой, рекой,
ten   arable land   and   meadow   with   (a) manor   (a) river

садом, мельницей, с проточными прудами. И
(a) garden   mills   with   flowing   ponds   And

рисовались у него в голове дорожки в
were sketched   with   him   in   (the) head   (the) paths   in
(stood out)

саду, цветы, фрукты, скворечни, караси в
(the) garden   flowers   fruits   bird houses   carps   in

прудах и, знаете, всякая эта штука. Эти
(the) ponds   and   (you) know   every   this   thing   These

воображаемые картины были различны, смотря
imaginary   pictures   were   different   looking

по   объявлениям,   которые   попадались   ему,   но
on   (the) announcement   which   fell about   him   but

почему-то   в   каждой   из   них   непременно   был
somehow   in   each   of   them   without fail   was

крыжовник.   Ни   одной   усадьбы,   ни   одного
gooseberry   Not   one   manor   not   one

поэтического   угла   он   не   мог   себе   представить
poetic   corner   he   not   could   himself   imagine

без   того,   чтобы   там   не   было   крыжовника.
without   that   that would   there   not   was   (a) gooseberry bush
              that there would be

—Деревенская   жизнь   имеет   свои   удобства,—
Village   life   has   its   comfort

говорил   он,   бывало.   —Сидишь   на   балконе,
said   he   (it) occurred   (You) sit   on   (the) balcony
              often

пьешь   чай,   а   на   пруде   твои   уточки   плавают,
drink   tea   and   on   (the) pond   your   ducks   swim

пахнет   так   хорошо   и...   и   крыжовник   растет.
(it) smells   so   good   and   and   (the) gooseberry   grows

Он чертил план своего имения, и всякий раз
He drew (a) map (of) his estate and every time

у него на плане выходило одно и то же:
with him on (the) map went out one and that same

a) барский дом, b) людская, c) огород,
a master's house b people's c (a) vegetable garden
servant quarters

d) крыжовник. Жил он скупо: недоедал,
gooseberry Lived he sparingly (he) ate too little

недопивал, одевался бог знает как, словно
didn't drink dressed god knows how as if

нищий, и всё копил и клал в банк.
(a) poor man and all saved and deposited (it) in (the) bank
a beggar

Страшно жадничал. Мне было больно глядеть
Terribly (he) was greedy To me (it) was painful to look

на него, и я кое-что давал ему и посылал
at him and I something gave to him and sent

на праздниках, но он и это прятал. Уж коли
on (the) holidays but he also this hid Already if
saved

задался человек идеей, то ничего не
set itself (a) man ideas then nothing not

поделаешь.
(you) do

Годы шли, перевели его в другую губернию,
Years went (by) (they) sent him in (an)other district
                   he was sent to

минуло ему уже сорок лет, а он всё читал
passed to him already forty years and he all read
                                               just

объявления в газетах и копил. Потом,
advertisements in (the) newspapers and saved Then

слышу, женился. Всё с той же целью, чтобы
(I) hear (he) married All with that then purpose in order to

купить себе усадьбу с крыжовником, он
buy himself (a) manor with gooseberries he

женился на старой, некрасивой вдове, без
married on (an) old not beautiful widow without
         with   ugly

всякого чувства, а только потому, что у нее
any feeling and only therefore that with her

водились деньжонки. Он и с ней тоже жил
were found monies He also with her also lived

скупо, держал ее впроголодь, а деньги ее
sparingly held her half-starving and money hers

положил в банк на свое имя. Раньше она
put in (the) bank on his name Earlier she

была за почтмейстером и привыкла у него к
was for (a) postmaster and was used with him to
with

пирогам и к наливкам, а у второго мужа
(eat) pies and to liqueurs and with (the) second husband

и хлеба черного не видала вдоволь; стала
also bread black not saw in abundance (she) started
even there was

чахнуть от такой жизни да года через три
to waste away from such (a) life yes years after three

взяла и отдала богу душу. И конечно
(she) took and gave (to) god (the) spirit And of course

брат мой ни одной минуты не подумал,
(the) brother (of) mine not one minute -not- thought

что он виноват в ее смерти. Деньги, как водка,
that he was guilty in her death Money like vodka

делают человека чудаком. У нас в городе
(they) make (a) man weird With us in town

умирал купец. Перед смертью приказал
died (a) merchant Before death (he) ordered

подать себе тарелку меду и съел все свои
to get himself (a) plate (of) honey and ate all his

деньги и выигрышные билеты вместе с
money and (lottery) winning tickets together with

медом, чтобы никому не досталось. Как-то
(the) honey in order that no one not (them) acquired Somehow

на вокзале я осматривал гурты, и в это
on (the) railway station I watched (a) herd and in this

время один барышник попал под локомотив
time one horse dealer got under (the) steam engine

и ему отрезало ногу. Несем мы его в
and to him cut off (the) foot Carried we him in

приемный покой, кровь льет— страшное дело,
(the) inspection room blood flows terrible matter

а он всё просит, чтобы ногу его
and he all requested in order that (the) foot him
only

отыскали, и всё беспокоится; в сапоге на
searched and all was worried in (the) boot on

отрезанной ноге двадцать рублей,
(the) cut off foot (were) twenty rubles

как бы не пропали.
as would not (they) disappeared
so they would not go lost

—Это вы уж из другой оперы,— сказал
This you already from another opera said
That is another story

Буркин.
Burkin

—После смерти жены,— продолжал Иван
After (the) death (of the) wife continued Ivan

Иваныч, подумав полминуты, —брат мой стал
Ivanitsh thinking half a minute brother my started
my brother

высматривать	себе	имение.	Конечно,
to look out	(for) himself	(an) estate	Of course

хоть	пять	лет	высматривай,	но	всё	же	в
might as well	five	years	looked out (for)	but	all	then	in

конце	концов	ошибешься	и	купишь	совсем
(the) end	(of) ends	(you) make a mistake	and	buy	entirely

не то,	о	чем	мечтал.	Брат	Николай	через
not that	about	what	(you) dreamed	Brother	Nikolai	through

комиссионера,	с	переводом	долга,	купил
(a) commissioner an agent	with	handing over	(of) duty	bought

сто	двенадцать	десятин	с	барским	домом,	с
hundred	twelve	tithes	of	lordly	house	with

людской,	с	парком,	но	ни	фруктового
people's servant quarters	with	(a) park	but	neither	(a) fruit

сада,	ни	крыжовника,	ни	прудов	с	уточками;
garden	nor	gooseberry	nor	ponds	with	ducks

была	река,	но	вода	в	ней	цветом	как
(there) was	(a) river	but	water	in	her	(was the) color	as of

кофе, потому что по одну сторону имения
coffee therefore that on one side (of the) estate

кирпичный завод, а по другую—
(was a) brick factory and on (the) other

костопальный. Но мой Николай Иваныч мало
(a) bone (powder factory) But my Nikolai Ivanitsh little

печалился; он выписал себе двадцать кустов
grieved he ordered out himself twenty· bushes

крыжовника, посадил и зажил помещиком.
(of) gooseberry settled and started to live as a land owner

В прошлом году я поехал к нему проведать.
In (the) past year I went to him to visit

—Поеду,— думаю, —посмотрю, как и что
(I) will go (I) think (I) will see how also what (is)

там.— В письмах своих брат называл свое
there In (the) letters my brother called his

имение так: Чумбароклова Пустошь, Гималайское
estate so Tsjumbaroklova Pustosh Gimalaiskoe

тож. Приехал я в "Гималайское тож" после
tozh Arrived I in Gimalaiskoe tozh after

полудня. Было жарко. Везде канавы, заборы,
half a day (It) was hot Everywhere ditches fences

изгороди, понасажены рядами елки,— и не
hedges planted rows (of) fir-trees and not

знаешь, как проехать во двор, куда поставить
(you) know how to ride into (the) yard where to place

лошадь. Иду к дому, а навстречу мне
(the) horse (I) go to (the) house and (comes) towards me

рыжая собака, толстая, похожая на свинью.
(a) ginger dog fat looking on (a) pig
like

Хочется ей лаять, да лень. Вышла из
Wants she bark yes lazy Went out from
but she is

кухни кухарка, голоногая, толстая, тоже
(the) kitchen (a) cook barefoot fat also

похожая на свинью, и сказала, что барин
looking at (the) pig and said that (the) landlord

отдыхает после обеда. Вхожу к брату, он
rests / after / dinner / I go in / to / (the) brother / he

сидит в постели, колени покрыты одеялом;
sits / in / (the) bed / knees / covered / (by a) blanket

постарел, располнел, обрюзг; щеки, нос и
(he) aged / (has) grown stout / flabby / cheeks / (the) nose / and

губы тянутся вперед,— того и гляди, хрюкнет
(the) lips / extend / forward / that / and / to see / (he) grunts he snores

в одеяло.
in / (the) blanket

Мы обнялись и всплакнули от радости и
We / embrace / and / wept / from / happiness / and

от грустной мысли, что когда-то были
from / sad / thoughts / that / once / (we) were

молоды, а теперь оба седы и умирать пора.
young / and / now / both / gray / and / to die / time
that it is time to die

Он оделся и повел меня показывать свое
He / got dressed / and / led / me / to show / his

имение.
  estate

—Ну, как ты тут поживаешь?— спросил я.
Well   how you here   are doing   asked   I

—Да ничего, слава богу, живу хорошо.
Yes   nothing   glory (to) god (I) live   good

Это   уж   был   не   прежний   робкий
This   already   was   not   (the) former   timid

бедняга-чиновник,   а   настоящий   помещик,
  poor bureaucrat   but   (a) real   landowner

  барин.   Он   уж   обжился   тут,   привык   и
(the) landlord He already settled down here accustomed and

вошел во вкус; кушал много, в бане   мылся,
entered in   taste (he) ate   much   in (a) bath washed himself
            liking

полнел, уже судился с обществом и с
grew fat already litigated with (the) community and with

обоими   заводами   и   очень   обижался,   когда
  both   factories   and   very   was offended   when

мужики	не	называли	его	"ваше
(the) farmers	not	called	him	your

высокоблагородие".	И	о	душе	своей
high-blessed-born honour	And	about	(his) soul	(of) his

заботился	солидно,	по-барски,	и	добрые	дела
cared	solidly	lordly	and	good	deed

творил	не	просто,	а	с	важностью.	А	какие
created did	not	simply	but	with	seriousness	And	what

добрые	дела?	Лечил	мужиков	от	всех
good	deed	(He) cured	peasants	from	all

болезней	содой	и	касторкой	и	в	день
diseases	(with) soda	and	castor (oil)	and	in	(the) day

своих	именин	служил	среди	деревни
(of) their	name-day	served	among	(the) village

благодарственный	молебен,	а	потом	ставил
(a) thanksgiving	prayer service	and	then	set offered

полведра,	думал,	что	так	нужно.	Ах,	эти
half (a) bucket drinks	thought	that	such	(is) necessary	Ah	these

ужасные | **полведра!** | **Сегодня** | **толстый** | **помещик**
terrible | half-bucket(s) | Today | (a) fat | landowner

тащит | **мужиков** | **к** | **земскому** | **начальнику** | **за**
drags | peasants | to | (the) district | chief | for

потраву, | **а** | **завтра,** | **в** | **торжественный** | **день,**
poisoning | and | tomorrow | in | (a) ceremonial | day
| | | on | a day of feast |

ставит | **им** | **полведра,** | **а** | **они** | **пьют** | **и** | **кричат**
places | them | half-bucket | and | they | (they) drink | and | scream
grants | | drinks | | | | |

ура, | **и** | **пьяные** | **кланяются** | **ему** | **в** | **ноги.**
hurray | and | drunk | kneel | (for) him | in | (the) feet
| | | | | at his feet |

Перемена **жизни** **к** **лучшему,** **сытость,** **праздность**
(The) change | (of) life | to | (the) best | fullness | leisure

развивают | **в** | **русском** | **человеке** | **самомнение,**
develops | in | (a) Russian | man | conceit

самое **наглое.** **Николай** **Иваныч,** **который** **когда-то**
same | brazen | Nikolai | Ivanitsh | who | once
the most | | | | |

в | **казенной** | **палате** | **боялся** | **даже** | **для** | **себя**
in | bureaucratic | chambers | feared | even | for | himself
| the office | | | | |

лично   иметь   собственные   взгляды,   теперь
personally   to have   his own   views   now

говорил одни только истины,   и   таким   тоном,
said   some   only   truths   and   (at) such   tone
　　spoke only truths

точно   министр: "Образование   необходимо,   но
as if   (a) minister   Education   (is) necessary   but

для   народа   оно   преждевременно",   "телесные
for   (the) people   it (is)   premature   corporeal

наказания   вообще   вредны,   но   в   некоторых
punishments   generally   (are) harmful   but   in   some

случаях они   полезны   и   незаменимы".
cases   they   (are) successful   and   irreplacable

—Я   знаю   народ   и   умею   с   ним
I   know   (the) people   and   know how   with   him
　　them

обращаться,—   говорил   он.   —Меня народ любит.
to deal   said   he   Me   people   loves
　　The people love me

Стоит мне только   пальцем   шевельнуть,   и   для
Stands   to me   only   (a) finger   to wiggle   and   for
　　I only have

меня   народ   сделает всё, что захочу.
me   (the) people   do   all   that   (I) want

И   всё   это,   заметьте,   говорилось   с   умной,
And   all   this   (you) notice   was said   with   (a) wise

доброю улыбкой. Он раз двадцать повторил: "мы,
good   smile   He time   twenty   repeated   We
twenty times

дворяне", "я, как дворянин"; очевидно, уже не
(the) nobles   I   as   nobleman   obviously   already not

помнил, что дед наш был мужик, а
remembered   that grandfather (of) ours   was   (a) peasant   and

отец—   солдат.   Даже   наша   фамилия
(the) father   (a) soldier   Even   our   surname

Чимша-Гималайский,   в   сущности   несообразная,
Tshimsha-Gimalaiskii   in   essence   incongruous

казалась ему теперь звучной, знатной и очень
seemed   to him   now   resounding meaningful and   very

приятной.
pleasant

Но дело не в нем, а во мне самом. Я хочу
But matter not in him but in me myself I want

вам рассказать, какая перемена произошла во
to you tell what change occurred in

мне в эти немногие часы, пока я был в его
me in these few hours while I was in his

усадьбе. Вечером, когда мы пили чай, кухарка
manor (In the) evening when we drank tea (the) cook

подала к столу полную тарелку крыжовнику.
brought to (the) table (a) whole plate (of) gooseberries

Это был не купленный, а свой собственный
This was not bought but his own

крыжовник, собранный в первый раз с тех
gooseberries picked in (the) first time from those

пор, как были посажены кусты. Николай
times as were planted (the) bushes Nikolai

Иваныч засмеялся и минуту глядел на
Ivanitsh laughed and (a) minute looked at

крыжовник, молча, со слезами,— он не мог
(the) gooseberries   silently   with   tears   he   not   could

говорить   от   волнения,   потом   положил   в
talk   from   emotion   then   put   in

рот   одну   ягоду,   поглядел   на   меня   с
(the) mouth   one   berry   looked   at   me   with

торжеством   ребенка,   который   наконец   получил
triumph   (of a) child   which   finally   obtained

свою   любимую   игрушку,   и   сказал:
his   favorite   toy   and   said

—Как   вкусно!
How   (it is) tasty

И   он   с   жадностью   ел   и   всё   повторял:
And   he   with   eagerness   was eating   and   all   repeating

—Ах,   как   вкусно!   Ты   попробуй!
Ah   how   (it is) tasty   You   try

Было   жестко   и   кисло,   но,   как   сказал   Пушкин,
(It) was   hard   and   sour   but   as   said   Pushkin

"тьмы   истин   нам   дороже   нас
(Than) darkness   (of) truths   to us   (is) more dear   us

возвышающий   обман".   Я   видел   счастливого
exalting   deception   I   saw   (a) happy

человека,   заветная   мечта   которого
man   (a) cherished   dream   which

осуществилась   так   очевидно,   который   достиг
came true   so   clearly   who   reached

цели   в   жизни,   получил   то,   что   хотел,
goals   in   (his) life   obtained   that   what   (he) wanted

который   был   доволен   своею   судьбой,   самим
who   was   content   (with) his neighbors   (with) same

собой.   К   моим   мыслям   о   человеческом
himself   To   my   thoughts   about   human

счастье всегда почему-то примешивалось что-то
happiness always somehow   mixed   something

грустное, теперь же,   при   виде   счастливого
sad   now   then before (the) sight (of a) happy

человека, мною овладело тяжелое чувство,
man me mastered (a) heavy feeling

близкое к отчаянию. Особенно тяжело было
close to desperation Especially heavy was (it)
difficult

ночью. Мне постлали постель в комнате рядом
at night Me (they) posted (the) bed in (the) room next

с спальней брата, и мне было слышно,
with (the) bedroom (of my) brother and to me was audible
to

как он не спал и как вставал и подходил к
how he not slept and how (he) got up and approached to

тарелке с крыжовником и брал по ягодке. Я
(the) plate with gooseberries and took on berry I
from the berries

соображал: как, в сущности, много довольных,
considered how in essence many (are) content

счастливых людей! Какая это подавляющая
happy people What (is) this overwhelming

сила! Вы взгляните на эту жизнь: наглость и
force You look at this life audacity and

праздность   сильных,   невежество   и
leisure   great   (their) ignorance   and

скотоподобие   слабых,   кругом   бедность
bestialness   weak   around   poverty

невозможная,   теснота,   вырождение,   пьянство,
impossible   tightness   degeneration   boozing

лицемерие, вранье... Между тем во всех домах
hypocrisy   lies   Between that in all houses

и   на   улицах   тишина,   спокойствие;   из
and   on   (the) streets   silence   calm   from

пятидесяти тысяч живущих в городе ни одного,
fifty   thousand   living   in town not one
             inhabitants

который бы вскрикнул, громко возмутился. Мы
who   would   scream   loudly   was indignant   We

видим тех, которые ходят на рынок за
see   those   who   go   to   (the) market   for

провизией,   днем   едят,   ночью   спят,
provisions   (in the) daytime   ride   at night   sleep
groceries

которые говорят свою чепуху, женятся, старятся,
who say their nonsense marry get old

благодушно тащат на кладбище своих
complacently drag on (the) cemetery their

покойников; но мы не видим и не слышим
dead but we not see and not hear

тех, которые страдают, и то, что страшно в
those who suffer and that what (is) scary in

жизни, происходит где-то за кулисами. Всё
life (it) goes on somewhere behind (the) curtains All

тихо, спокойно, и протестует одна только
quietly calm and protests one only

немая статистика: столько-то с ума сошло,
mute statistics So much then from (the) mind went off

столько-то ведер выпито, столько-то детей
so many then buckets drunk out so many then children

погибло от недоедания... И такой порядок,
perished from malnutrition And such order

очевидно,	нужен;	очевидно,	счастливый
obviously	(is) needed	obviously	happy

чувствует	себя	хорошо	только	потому,	что
(one) feels	oneself	good	only	therefore	that

несчастные	несут	свое	бремя	молча,	и
(the) unhappy (ones)	carry	their	burden	silently	and

без	этого	молчания	счастье	было	бы
without	this	silence	happiness	was	would
				would be	

невозможно.	Это	общий	гипноз.	Надо,
impossible	This	(is) general	hypnosis	Necessary

чтобы	за	дверью	каждого	довольного,
in order to	for	(the) door	(of) each	satisfied
that behind				

счастливого	человека	стоял	кто-нибудь	с
happy	man	(there) stood	somebody	with

молоточком	и	постоянно	напоминал	бы
(a) hammer	and	constantly	reminded	would
			would remind him	

стуком,	что	есть	несчастные,	что
(with a) thud	that	(there) is	unhappiness	that

119

как бы он ни был счастлив, жизнь рано или
as would he not was happy life early or
even if he sooner

поздно покажет ему свои когти, стрясется
later will show to him its claws will happen

беда— болезнь, бедность, потери, и его никто
misfortune sickness poverty losses and him nobody

не увидит и не услышит, как теперь он не
not will see and not will listen to as now he not

видит и не слышит других. Но человека с
sees and not hears others But (the) man with

молоточком нет, счастливый живет себе,
(the) hammer not (the) happy one lives (by) himself
is not there

и мелкие житейские заботы волнуют его
and small life's troubles excite him

слегка, как ветер осину,— и всё обстоит
slightly as (the) wind (the) aspen and all stands over
goes on

благополучно.
safely

—В ту ночь мне стало понятно, как я тоже
In that night to me (it) became clear how I also

был доволен и счастлив,— продолжал Иван
was content and happy continued Ivan

Иваныч, вставая. —Я тоже за обедом и на
Ivanitsh getting up I also after lunch also on

охоте поучал, как жить, как веровать, как
(the) hunt lectured how to live how to believe how

управлять народом. Я тоже говорил, что ученье
to govern (the) people I also said that (the) study

свет, что образование необходимо, но для
shines that education (is) necessary but for

простых людей пока довольно одной грамоты.
simple people for now enough one diploma

Свобода есть благо, говорил я, без нее
Freedom is (a) blessing said I without her

нельзя, как без воздуха, но надо
(it is) impossible as without air but necessary

подождать. Да, я говорил так, а теперь
to wait   Yes I   said   so   and   now

спрашиваю: во имя чего ждать?— спросил
(I) ask   in (the) name of what to wait   asked

Иван Иваныч, сердито глядя на Буркина. —Во
Ivan Ivanitsh angrily looking at Burkin In

имя чего ждать, я вас спрашиваю? Во
(the) name of what to wait I you ask In

имя каких соображений? Мне говорят, что
(the) name of what consideration To me (they) say that

не всё сразу, всякая идея осуществляется в
not all at once every idea exists in

жизни постепенно, в свое время. Но кто это
life gradually in its time But who this

говорит? Где доказательства, что это
says Where (is the) evidence that this

справедливо? Вы ссылаетесь на естественный
(is) fair You refer to (the) natural

порядок вещей, на законность явлений, но
order (of) things to (the) legality (of) phenomena but

есть ли порядок и законность в том, что я,
is whether order and legality in that what I
is there maybe

живой, мыслящий человек, стою надо рвом
living thinking man stand necessary ditch

и жду, когда он зарастет сам или затянет его
and watch when he overgrows itself or tightens him
it to silt up

илом, в то время как, быть может, я мог бы
with silt in that time as be can I could would

перескочить через него или построить через
jump over over him or build over
it

него мост? И опять-таки, во имя чего
him (the) bridge And again so in (the) name of what
it

ждать? Ждать, когда нет сил жить, а между
to expect To expect when no forces to live and between

тем жить нужно и хочется жить!
that to live necessary and (she) wants to live

Я уехал тогда от брата рано утром, и
I left then from (the) brother early (in the) morning and

с тех пор для меня стало невыносимо
from those times for me (it) became unbearable

бывать в городе. Меня угнетают тишина и
to visit in town Me oppressed (the) silence and

спокойствие, я боюсь смотреть на окна, так
(the) calm I was afraid to look at (the) window so

как для меня теперь нет более тяжелого
as for me now no more heavy
difficult

зрелища, как счастливое семейство, сидящее
(the) sight as (a) happy family sitting

вокруг стола и пьющее чай. Я уже стар
around (the) table and drinking tea I already (am) old

и не гожусь для борьбы, я неспособен даже
and not (am) fit for battle I not able to even

ненавидеть. Я только скорблю душевно,
to hate I only grieve mentally

раздражаюсь, досадую, по ночам у меня
chafe get annoyed at (the) nights with myself

горит голова от наплыва мыслей, и я не
is burning (the) head from (the) influx (of) thoughts and I not

могу спать... Ах, если б я был молод!
can sleep Ah if would I was young
be

Иван Иваныч прошелся в волнении из угла в
Ivan Ivanitsh took a walk in excitement from corner in

угол и повторил:
corner and repeated

—Если б я был молод!
If would I was young
be

Он вдруг подошел к Алехину и стал
He suddenly approached to Alechin and started

пожимать ему то одну руку, то другую.
to shake him then one hand then (the) other

—Павел Константиныч,— проговорил он
Pavel Konstantinitsh spoke he

умоляющим   голосом,   —не   успокаивайтесь,   не
(with a) pleading   voice   not   settle down   not

давайте   усыплять   себя!   Пока   молоды,   сильны,
let's   lull to sleep   oneself   While   young   strong

бодры,   не   уставайте   делать   добро!   Счастья   нет
cheerful   not   stop   to do   good   Happiness   not

и   не   должно   его   быть,   а   если   в   жизни   есть
and   not   must   him   be   and   if   in   life   is

смысл   и   цель,   то   смысл   этот   и   цель
(a) thought   and   purpose   then   thought   this   and   purpose

вовсе   не   в   нашем   счастье,   а   в   чем-то
completely   not   in   our   happiness   and   in   something

более   разумном   и   великом.   Делайте   добро!
more   reasonable   and   great   Do   well

И   всё   это   Иван   Иваныч   проговорил   с
And   all   this   Ivan   Ivanitsh   spoke   with

жалкой,   просящею   улыбкой,   как   будто   просил
pathos   (a) begging   smile   as   if   (he) asked

лично   для себя.
personally   for   himself

Потом   все   трое   сидели   в   креслах,   в   разных
Then   all   three   sat   in   armchairs   in   different

концах   гостиной,   и   молчали.   Рассказ
corners   (of the) drawing-room   and   kept silent   (The) story

Ивана   Иваныча   не   удовлетворил   ни   Буркина,
(of) Ivan   Ivanitsh   not   satisfied   neither   Burkin

ни   Алехина.   Когда   из   золотых   рам   глядели
nor   Alechin   When   from   (the) gold   frames   watched

генералы   и   дамы,   которые   в   сумерках   казались
generals   and   ladies   which   in   (the) twilight   seemed

живыми,   слушать   рассказ   про
alive   to listen to   (the) story   about

беднягу-чиновника,   который   ел   крыжовник,
(the) poor bureaucrat   who   was eating   gooseberries

было   скучно.   Хотелось   почему-то   говорить   и
(it) was   boring   Wanted   somehow   to talk   and

слушать про изящных людей, про женщин. И
to listen to about graceful people about women And

то, что они сидели в гостиной, где всё—
then that they sat in (the) drawing-room where all

и люстра в чехле, и кресла, и ковры
and (the) chandelier in (a) case and (the) armchair and rugs

под ногами говорили, что здесь когда-то
under (the) feet said that here once

ходили, сидели, пили чай вот эти самые
(they) went (they) sat (they) drank tea here these same

люди, которые глядели теперь из рам, и
people who watched now from (the) frames also

то, что здесь теперь бесшумно ходила красивая
then that here now noiselessly went beautiful

Пелагея, — это было лучше всяких рассказов.
Pelagea this was better (than) all sort of stories

Алехину сильно хотелось спать; он встал по
Alechin strongly wanted to sleep he got up on

хозяйству рано, в третьем часу утра, и
(the) farm early in (the) third hour (of the) morning and

теперь у него слипались глаза, но он боялся,
now with him stuck together (the) eyes but he feared

как бы гости не стали без него
as would (the) guests not started without him

рассказывать что-нибудь интересное, и не
to talk something interesting and not

уходил. Умно ли, справедливо ли было
went out Clever whether correct whether was

то, что только что говорил Иван Иваныч, он не
then that only that said Ivan Ivanitsh he not

вникал; гости говорили не о крупе, не
delved into (the) guests said not about (the) groats not

о сене, не о дегте, а о чем-то, что
about (the) hay not about (the) tar but about something that

не имело прямого отношения к его жизни, и
not had direct relations to his life and

он был рад и хотел, чтобы они
he was happy and wanted in order that they

продолжали...
continued

—Однако пора спать,— сказал Буркин,
However time to sleep said Burkin

поднимаясь. —Позвольте пожелать вам
rising Please to wish to you

спокойной ночи.
(a) calm night

Алехин простился и ушел к себе вниз, а
Alechin said goodbye and left to himself downward and

гости остались наверху. Им обоим отвели
(the) guests remained, at the top Them both took away

на ночь большую комнату, где стояли две
for (the) night (a) big room where stood two

старые деревянные кровати с резными
old wooden beds with carved

украшениями и в углу было распятие из
decorations and in (the) corner was (a) crucifix from

слоновой кости; от их постелей, широких,
elephant bones from their beds wide

прохладных, которые постилала красивая
cool which posted beautiful
set

Пелагея, приятно пахло свежим бельем.
Pelagea pleasant smelled fresh linen

Иван Иваныч молча разделся и лег.
Ivan Ivanitsh silently undressed and lay

—Господи, прости нас грешных!— проговорил он
Lord forgive us sinners spoke he

и укрылся с головой.
and covered himself from (the) head
made a cross

От его трубочки, лежавшей на столе, сильно
From his pipes lying on (the) table strongly

пахло табачным перегаром, и Буркин долго
(it) smelled tobacco fumes and Burkin long

не спал и всё никак не мог понять,
not slept and all in no way not could understand

откуда этот тяжелый запах.
where from this heavy smell

Дождь стучал в окна всю ночь.
Rain knocked in (the) window all night

О любви
About Love

На другой день к завтраку подавали очень
On (the) next day for breakfast (they) served very

вкусные пирожки, раков и бараньи котлеты; и
tasty cakes crayfish and lamb cutlets and

пока ели, приходил наверх повар Никанор
while (we) ate came upstairs (the) cook Nikanor

справиться, что гости желают к обеду. Это
check what (the) guests wished for lunch This

был человек среднего роста, с пухлым лицом
was (a) man (of) average build with (a) plump face

и маленькими глазами, бритый, и казалось,
and little eyes shaved and (it) seemed

что усы у него были не бриты, а
that (the) moustaches with him were not shaved but

выщипаны.
plucked out

Алехин рассказал, что красивая Пелагея была
Alechin told that beautiful Pelagea was

влюблена в этого повара. Так как он был
in love in this cook So as he was
with

пьяница и буйного нрава, то она не хотела
(a) drunkard and (of) violent disposition then she not wanted

за него замуж, но соглашалась жить так. Он
for him be married but agreed to live so He
to be married with him

же был очень набожен, и религиозные
then was very devout and religious

убеждения не позволяли ему жить так; он
beliefs not allowed him to live so he

требовал, чтобы она шла за него, и иначе
asked for in order that she went for him and otherwise
married to him

не хотел, и бранил ее, когда бывал пьян,
not (he) wanted and (he) scolded her when (he) was drunk

и　даже　бил.　Когда　он　бывал　пьян,　она
and　even　struck (her)　When　he　was　drunk　she

пряталась　наверху　и　рыдала,　и　тогда　Алехин
hid　at the top upstairs　and　sobbed　and　then　Alechin

и　прислуга　не　уходили　из　дому,　чтобы
and　(the) servant　not　went out　from　(the) house　in order to

защитить　ее　в　случае　надобности.
defend　her　in　case　(of) needs

Стали　говорить　о　любви.
(They) started　to talk　about　love

—Как　зарождается　любовь,—　сказал　Алехин,
How　emerges　love　said　Alechin

—почему　Пелагея　не　полюбила　кого-нибудь
why　Pelagea　not　loved　someone

другого,　более　подходящего　к　ней　по　ее
other　more　suitable　to　her　on　her

душевным　и　внешним　качествам,　а　полюбила
sincere　and　external　qualities　and　loved

именно Никанора, этого мурло,— тут у нас
precisely Nikanor this snout here with us

все зовут его мурлом, —поскольку в любви
all (they) call him snout insofar as in love

важны вопросы личного счастья— всё это
important questions (of) personal happiness all this

неизвестно и обо всем этом можно трактовать
(is) unknown and about all this possible to interpret

как угодно. До сих пор о любви была
as is convenient Until these times about love was

сказана только одна неоспоримая правда, а
said only one unarguable truth and

именно, что "тайна сия велика есть", всё же
exactly that (the) secret of this great is all then
its secret is great

остальное, что писали и говорили о
remaining that (they) wrote and said about

любви, было не решением, а только
love was not decided and only
resolved

постановкой   вопросов,   которые   так   и
(the) setting   (of) questions   which   so   also

оставались   неразрешенными.   То   объяснение,
remained   undecided   That   clarification
              unresolved

которое,   казалось бы,   годится   для   одного
which   (it) seemed would   suits   for   one
                it would seem   applies   to

случая,   уже   не   годится   для десяти других,   и
case   already not   suits   for   ten   others   and
                          applies   to

самое   лучшее,   по-моему,—   это   объяснять   каждый
same   best   according to me   this   to explain   every
the most

случай   в   отдельности,   не   пытаясь   обобщать.
case   in   detached   not   trying   to generalize
               separation

Надо,   как   говорят   доктора,
Necessary   as   say   doctors

индивидуализировать   каждый   отдельный   случай.
to individualize   every   detached   case
                                   separate

—Совершенно   верно,—   согласился   Буркин.
Completely   right   agreed   Burkin

—Мы, русские, порядочные люди, питаем
We / Russians / respectable / people / nourish

пристрастие к этим вопросам, остающимся
(a) predilection / to / those / questions / remaining / that remain

без разрешения. Обыкновенно любовь
without / solution / Usually / love

поэтизируют, украшают ее розами, соловьями,
(they) poeticize / adorn / her / (with) roses / nightingales

мы же, русские, украшаем нашу любовь этими
we / then / Russians / adorn / our / love / (with) these

роковыми вопросами, и притом выбираем из
fatal / questions / and / besides / choose / from

них самые неинтересные. В Москве, когда я
them / (the) most / uninteresting / In / Moscow / when / I

еще был студентом, у меня была подруга
still / was / student / with / me / was / (a) female friend

жизни, милая дама, которая всякий раз, когда я
(of) life / (a) dear / lady / who / every / time / when / I

держал ее в объятиях, думала о том, сколько
held   her in embraces   thought about that how much

я буду выдавать ей в месяц и почем
I will be give out to her in (a) month and how much

теперь говядина за фунт. Так и мы, когда
now   beef   for pound So and we when
        beef costs per pound

любим, то не перестаем задавать себе
(we) love then not stop   to pose   ourselves

вопросы: честно это или нечестно, умно или
questions   fair this or   not fair   wise or
              whether this is fair or not

глупо, к чему поведет эта любовь и так далее.
foolish to what will lead this love and so further

Хорошо это или нет, я не знаю, но что это
Good   this or not I not know but that this

мешает, не удовлетворяет, раздражает— это я
disturbs not satisfies   annoys   this I

знаю.
know

Было похоже, что он хочет что-то рассказать.
Was like that he wants something to tell
It seemed

У людей, живущих одиноко, всегда бывает на
With people living lonely always happens on

душе что-нибудь такое, что они охотно бы
(the) soul something such that they willingly would

рассказали. В городе холостяки нарочно ходят в
told In town bachelors purposely go in

баню и в рестораны, чтобы только
bath and in (the) restaurants in order to only

поговорить, и иногда рассказывают
talk and sometimes tell

банщикам или официантам очень
(the) bath attendants or waiters very

интересные истории, в деревне же
interesting stories in (the) village then

обыкновенно они изливают душу перед
usually they pour out (the) spirit before

своими гостями. Теперь в окна было видно
their guests Now in (the) window was visible

серое небо и деревья, мокрые от дождя, в
(the) gray sky and (the) trees wet from (the) rain in

такую погоду некуда было деваться и ничего
such weather nowhere was to get to and nothing

больше не оставалось, как только рассказывать
more not remained as only to talk

и слушать.
and to listen to

—Я живу в Софьине и занимаюсь хозяйством
I live in Sofina and am engaged in farming

уже давно,— начал Алехин, —с тех пор, как
already long began Alechin from those times as

кончил в университете. По воспитанию я
(I) finished in university On upbringing I

белоручка, по наклонностям— кабинетный
(am) white-Russian on inclination (an) armchair
studious

человек, но на имении, когда я приехал сюда,
person but on (my estate when I arrived here

был большой долг, а так как отец мой
was (a) big debt and so as (the) father my
my father

задолжал отчасти потому, что много тратил на
owed partly therefore that much (he) spent on

мое образование, то я решил, что не уеду
my education then I decided that not to go away

отсюда и буду работать, пока не уплачу этого
from here and will work while not pay off this

долга. Я решил так и начал тут работать,
debt I decided so and began here to work

признаюсь, не без некоторого отвращения.
(I) admit not without some disgust

Здешняя земля дает не много, и, чтобы
(The) local earth gives not many and in order to

сельское хозяйство было не в убыток, нужно
rural farming was not in loss necessary

пользоваться   трудом   крепостных   или   наемных
to use   with labor   serfs   or   hired

батраков,   что   почти   одно   и   то   же,   или   же
farm laborers   what   almost   one   and   that   same   or   then
                who are   the

вести   свое   хозяйство   на   крестьянский   лад,   то
to conduct   ones   farming   on   peasant   mode   that

есть   работать   в   поле   самому,   со   своей
is   to work   in   (the) field   by oneself   with   ones

семьей.   Середины   тут   нет.   Но   я   тогда   не
family   Middle   here   not   But   I   then   not
         There's no middle ground here

вдавался   в   такие   тонкости.   Я   не   оставлял   в
went into   in   such   subtleties   I   not   left   in

покое   ни   одного   клочка   земли,   я   сгонял   всех
peace   not   one   patch   (of) earth   I   rounded up   all

мужиков   и   баб   из   соседних   деревень,
peasants   and   women   from   (the) neighboring   villages

работа   у   меня   тут   кипела   неистовая;   я   сам
(the) work   with   me   here   boiled   frantic   I   myself

тоже пахал, сеял, косил и при этом скучал и
also plowed sowed mowed and with this missed and
was lonely

брезгливо морщился, как деревенская кошка,
fastidiously winced like (the) village cat

которая с голоду ест на огороде
who from hunger is eating on (the) vegetable garden

огурцы; тело мое болело, и я спал на
cucumbers (the) body mine sickened and I slept on
my body wasted away

ходу. В первое время мне казалось, что эту
(the) go In (the) first time to me (it) seemed that this

рабочую жизнь я могу легко помирить со
work life I can easily make peace with

своими культурными привычками; для этого
its cultural habits for this

стоит только, думал я, держаться в жизни
stands only thought I to support in life
is enough

известного внешнего порядка. Я поселился тут
(the) familiar external order I settled here

наверху, в парадных комнатах, и завел так,
at the top in (the) ceremonial rooms and started so
upstairs

что после завтрака и обеда мне подавали
that after breakfast and dinner to me (they) brought

кофе с ликерами и, ложась спать, я читал на
coffee with liquours and laid myself to sleep I read at

ночь "Вестник Европы". Но как-то пришел наш
night Messenger (of) Europe But somehow arrived our

батюшка, отец Иван, и в один присест выпил
father father Ivan and in one sitting drank
priest

все мои ликеры; и "Вестник Европы" пошел
all my liquours and Messenger (of) Europe went

тоже к поповнам, так как летом, особенно во
also to (the) priests so as (in) summer especially in

время покоса, я не успевал добраться до своей
time (of) mowing I not managed to get to my

постели и засыпал в сарае в санях или
bed and fell asleep in (the) barn in (the) sled or

где-нибудь в лесной сторожке— какое уж
somewhere in (the) timber gatehouse what already

тут чтение? Я мало-помалу перебрался вниз,
here reading I bit by bit overtook myself downward
went

стал обедать в людской кухне, и из
started to dine in humans (the) kitchen and from
servant quarters

прежней роскоши у меня осталась только вся
former luxury with me remained only entire

эта прислуга, которая еще служила моему отцу
this maid which still served my father

и которую уволить мне было бы больно.
and which lay off to me was would painful
would be

В первые же годы меня здесь выбрали в
In (the) first very years me here (they) elected in

почетные мировые судьи. Кое-когда
(the) honorary peace judges Some time

приходилось наезжать в город и принимать
arrived to run in in (the) city and take

участие в заседаниях съезда и окружного
part in (the) sittings (of the) congress and (the) district

суда, и это меня развлекало. Когда поживешь
court and this me entertained When (you) live

здесь безвыездно месяца два-три, особенно
here without a break months two (or) three especially

зимой, то в конце концов начинаешь
(in) winter then in (the) end (of) ends (you) start

тосковать по черном сюртуке. А в окружном
to yearn on black frock-coats And in (the) district
for

суде были и сюртуки, и мундиры, и
court were also frock-coats and uniform jackets and

фраки, всё юристы, люди, получившие общее
tail-coats all lawyers people (who) received general

образование; было с кем поговорить. После
education was with whom to talk After
people to talk to

спанья в санях, после людской кухни сидеть в
sleeping in sleds after people's kitchen to sit in
the servant's kitchen

кресле, в чистом белье, в легких ботинках, с
(a) chair   in   clean   linen   in   easy   boots   with

цепью на груди— это такая роскошь!
(the) tie   on   (the) breast   this   such   luxury

В городе меня принимали радушно, я охотно
In   town   me   (they) received   cordially   I   willingly

знакомился. И из всех знакомств самым
became acquainted   And   from   all   acquaintances   (the) most

основательным и, правду сказать, самым
profound   and   truth   to say   (the) most

приятным для меня было знакомство с
pleasant   for   me   was   (the) acquantance   with

Лугановичем, товарищем председателя окружного
Luganovitsh   comrade   chairman   (of the) district

суда. Его вы знаете оба: милейшая личность.
court   Him   you   know   both   (the) sweetest   personality

Это было как раз после знаменитого дела
This   was   as   time   after   (the) famous   case
              right

поджигателей; разбирательство продолжалось два
(of the) arsonists   (the) trial   continued   two

дня, мы были утомлены. Луганович посмотрел
days we were exhausted Luganovitsh looked

на меня и сказал:
at me and said

—Знаете что? Пойдемте ко мне обедать.
(you) know what Let's go to me to dine

Это было неожиданно, так как с Лугановичем
This was unexpected so as with Luganovitsh

я был знаком мало, только официально, и ни
I was familiar little only officially and not

разу у него не был. Я только на минутку
once with him not was I only for (a) minute
     was at his place

зашел к себе в номер, чтобы переодеться,
visited to himself in (the) room in order to change clothes

и отправился на обед. И тут мне
and directed myself to lunch And here to me

представился   случай   познакомиться   с
(he) introduced itself   (the) occasion   to be introduced   with

Анной   Алексеевной,   женой   Лугановича.   Тогда
Anna   Alexeevna   (the) wife   (of) Luganovitsh   Then

она   была   еще   очень   молода,   не   старше
she   was   still   very   young   not   older

двадцати двух лет, и за полгода до того у
(than) twenty two years and for half (a) year until that with

нее родился первый ребенок. Дело прошлое, и
her was born (the) first child Affair (of the) past and

теперь бы я затруднился определить, что,
now would I trouble myself to define that

собственно, в ней было такого
actually in her was such
something so

необыкновенного, что мне так понравилось в
extraordinary that to me so appealed in

ней, тогда же за обедом для меня всё было
her then already at lunch for me all was

неотразимо	ясно;	я	видел	женщину	молодую,
compellingly	clear	I	saw	(a) woman	young

прекрасную,	добрую,	интеллигентную,
beautiful	good	intelligent

обаятельную,	женщину,	какой	я	раньше	никогда
charming	woman	which	I	earlier	never

не	встречал;	и	сразу	я	почувствовал	в	ней
not	met	and	at once	I	felt	in	her

существо	близкое,	уже	знакомое,	точно	это
(a) creature	close	already	familiar	as if	this

лицо,	эти	приветливые,	умные	глаза	я	видел
face	these	friendly	wise	eyes	I	saw

уже	когда-то	в	детстве,	в	альбоме,	который
already	once	in	childhood	in	(a photo) album	which

лежал	на	комоде	у	моей	матери.
was lying	on	(the) dresser	of	my	mother

В	деле	поджигателей	обвинили	четырех
In	(the) case	(of the) arsonists	(they) accused	four

евреев, признали шайку и, по-моему, совсем
Jews confessed (the) gang and according to me entirely

неосновательно. За обедом я очень волновался,
unfounded For lunch I very felt worried

мне было тяжело, и уж не помню, что я
to me (it) was heavy and already not (I) remember what I
hard

говорил, только Анна Алексеевна всё покачивала
said only Anna Alexeevna all shook

головой и говорила мужу:
(with the) head and said (to the) husband

—Дмитрий, как же это так?
Dmitry how then this (is) so

Луганович— это добряк, один из тех
Luganovitsh this (is a) good soul one of those

простодушных людей, которые крепко держатся
simple-minded people who strongly hold

мнения, что раз человек попал под суд,
(an) opinion that once (a) person falls under (the) court

то,　　значит,　　он　　виноват,　　и　　что　　выражать
then　　(it) means　　he　　(is) guilty　　and　　that　　to express

сомнение　в　правильности　приговора　можно　не
doubt　　　in　　correctness　　(of the) judgment　possible　not

иначе,　　как　в　законном　порядке,　на　бумаге,　но
otherwise　as　in　legal　　　order　　on　paper　　but

никак　　не　за　обедом　и　не　в　частном
in no way　not　for　lunch　and　not　in　private

разговоре.
conversation

—Мы　с　вами　　не поджигали,—　　с　вами
We　with　you　　　not　　set on fire　　　with　you
　　We　　　　　did not burn anything　　　　We

говорил он мягко,　—и вот нас же не судят,
said　he　softly　and　here　us　then　not　(they) judge

не сажают в тюрьму.
not　(they) set　in　prison

И　оба,　　муж　　и　жена,　старались,
And　both　(the) husband　and　(the) wife　tried

чтобы я побольше ел и пил; по некоторым
in order that I more ate and drank on some

мелочам, по тому, например, как оба они вместе
trifle on that for example how both they together

варили кофе, и по тому, как они понимали
cooked coffee and on that how they understood

друг друга с полуслов, я мог заключить, что
friend (the) other with half (a) word I could conclude that
each other

живут они мирно, благополучно и что они
live they peacefully safely and that they

рады гостю. После обеда играли на
(are) glad (with the) guest After dinner (they) played on

рояле в четыре руки, потом стало темно,
(the) piano in four hands then (it) became dark
with

и я уехал к себе. Это было в начале
and I left to myself This was in (the) beginning
for home

весны. Затем всё лето провел я в Софьине
(of) spring Then all summer spent I in Sofina

безвыездно, и было мне некогда даже
without a break / and / (there) was / to me / no time / even

подумать о городе, но воспоминание о
to think / about / town / but / (the) recollection / about

стройной белокурой женщине оставалось во
(the) well formed / white-haired blond / wife / remained / in

мне все дни; я не думал о ней, но точно
me / all / days / I / not / thought / about / her / but / like

легкая тень ее лежала на моей душе.
(a) light / shadow / she / was lying / on / my / soul

Позднею осенью в городе был спектакль с
Late / (in) autumn / in / town / was / (a) spectacle a show / with

благотворительной целью. Вхожу я в
charitable / purpose / Go in / I / in

губернаторскую ложу (меня пригласили туда в
(the) governor's / loge / me / invited / there / in

антракте), смотрю— рядом с губернаторшей
intermission / (I) look / next / with / (the) governor's

155

Анна   Алексеевна,   и   опять   то   же   самое
Anna   Alexeevna   and   again   that   very   same

неотразимое,   бьющее   впечатление   красоты   и
irresistible   striking   impression   (of) beauty   and

милых,   ласковых   глаз,   и   опять   то   же   чувство
sweet   affectionate   eyes   and   again   that   very   feeling

близости.
(of) closeness
of intimacy

Мы   сидели   рядом,   потом   ходили   в   фойе.
We   sat   next together   then   went   in   (the) foyer

—Вы   похудели,—   сказала   она.   —Вы   были   больны?
You   became thin   said   she   You   were   sick

—Да.   У   меня   простужено   плечо,   и   в
Yes   With   me   got a cold   (the) shoulder   and   in

дождливую   погоду   я   дурно   сплю.
rainy   weather   I   badly   sleep

—У   вас   вялый   вид.   Тогда,   весной,   когда   вы
With you sluggish look / You look listless   Then   (in) spring   when   you

приходили обедать, вы были моложе, бодрее.
came to dine you were younger more cheerful

Вы тогда были воодушевлены и много
You then were inspired and much

говорили, были очень интересны, и,
(we) spoke (you) were very interesting and

признаюсь, я даже увлеклась вами немножко.
(I) admit I even got carried away by you a little

Почему-то часто в течение лета вы
Somehow often in (the) course (of the) year you

приходили мне на память и сегодня, когда я
came to me on memory and today when I
me to mind

собиралась в театр, мне казалось, что я
was getting ready in (the) theater to me (it) seemed that I

вас увижу.
you spot
saw you

И она засмеялась.
And she started laughing

157

—Но сегодня у вас вялый вид,— повторила
But today with you (a) listless look repeated
        you have

она. —Это вас старит.
she This you makes older

На другой день я завтракал у Лугановичей;
On another day I breakfasted at (the) Luganovitshes

после завтрака они поехали
after breakfast they went

к себе на дачу, чтобы распорядиться
to themselves on (the) dacha what-would to order itself
    to their dacha for to arrange

там насчет зимы, и я с ними. С ними же
there about winter and I with them With them then
  for I came along

вернулся в город и в полночь пил у них
(I) returned in (the) city and in midnight drank with them
   to at

чай в тихой, семейной обстановке, когда горел
tea in (a) silent family situation when burned

камин и молодая мать всё уходила
(the) fireplace and (the) young mother all went out
    went out all the time

взглянуть, спит ли ее девочка. И после
to glance sleeps whether her girl And after
to check whether her baby girl was sleeping

этого в каждый свой приезд я непременно
this in every my arrival I without fail

бывал у Лугановичей. Ко мне привыкли, и
was with (the) Luganovitshes To me (they) got used and
used to visit

я привык. Обыкновенно входил я без
I got used (to them) Usually entered I without

доклада, как свой человек.
report like their man

—Кто там?— слышался из дальних комнат
Who there was heard from farther rooms

протяжный голос, который казался мне таким
(a) lingering voice which seemed to me so

прекрасным.
beautiful

—Это Павел Константиныч,— отвечала горничная
This Pavel Konstantinitsh answered (a) maid
It is

или   няня.
or   (the) nurse

Анна   Алексеевна   выходила   ко   мне   с
Anna   Alexeevna   came out   to   me   with

озабоченным лицом   и   всякий   раз   спрашивала:
anxious   face   and   every   time   asked

—Почему   вас так долго не было?   Случилось
Why   you so   long   not   was   Happened
               did you not come for so long

что-нибудь?
something

Ее   взгляд,   изящная,   благородная   рука,   которую
Her   glance   elegant   (the) noble   hand   which
                              the white

она   подавала   мне,   ее домашнее платье,
she   gave   to me   her domestic   dress
                                      the simple dress she wore at home

прическа, голос, шаги всякий раз производили
hair-do   voice   steps   every   time   produced

на   меня всё   то   же   впечатление   чего-то
on   me   all   that same   impression   (of) something

нового, необыкновенного в моей жизни и
new extraordinary in my life and

важного. Мы беседовали подолгу и
important We chatted for a long time and

подолгу молчали, думая каждый о своем,
for a long time kept silent thinking each about ours

или же она играла мне на рояле. Если же
or then she played for me on (the) piano If already

никого не было дома, то я оставался и ждал,
no one not was at home then I remained and waited

разговаривал с няней, играл с ребенком
talked with (the) nanny played with (the) child

или же в кабинете лежал на турецком диване
or then in (the) office was lying on (the) Turkish sofa

и читал газету, а когда Анна Алексеевна
and read (the) newspaper and when Anna Alexeevna

возвращалась, то я встречал ее в передней,
returned then I met her in (the) hall

брал   от   нее   все   ее   покупки,   и   почему-то
took   from   her   all   her   purchases   and   somehow

всякий   раз   эти   покупки   я   нес   с   такою
every   time   these   purchases   I   carried   with   such

любовью,   с   таким торжеством, точно мальчик.
love   with   such   triumph   as if   (I was a) boy

Есть пословица: не было   у   бабы   хлопот, так
Is   proverb   not   was   with   (a) woman   hassle   so
There is a proverb   there was nothing ado with a woman

купила   порося.   Не   было   у   Лугановичей
(she) bought   (a) piglet   Not   was   with   Luganovitshes

хлопот,   так подружились они   со   мной. Если
business   so   became friends   they   with   me   If
anything to do

я долго не приезжал в город, то, значит, я был
I   long   not   arrived   in   (the) city   then   (it) means   I   was

болен или что-нибудь случилось   со   мной,   и
sick   or   something   happened   with   me   and

они   оба   сильно   беспокоились.   Они
they   both   strongly   worried   They

беспокоились, что я, образованный человек,
worried that I (an) educated man

знающий языки, вместо того, чтобы
knowing languages instead of that what would to

заниматься наукой или литературным
keep myself busy (with) science or (with) literary

трудом, живу в деревне, верчусь как белка
work (I) live in (the) village spinning like (a) squirrel
running around

в колесе, много работаю, но всегда без
in (a) wheel much work but always without

гроша. Им казалось, что я страдаю и если я
(a) penny Them (it) seemed that I suffer and if I

говорю, смеюсь, ем, то только для того,
speak laugh eat then only for that

чтобы скрыть свои страдания, и даже в
in order to hide my sufferings and even in

веселые минуты, когда мне было хорошо, я
merry minutes when to me (it) was good I

чувствовал на себе их пытливые взгляды. Они
felt on myself their inquisitive glances They

были особенно трогательны, когда мне в самом
were especially touching when to me in very

деле приходилось тяжело, когда меня притеснял
case befell heavily when me oppressed
difficulties

какой-нибудь кредитор или не хватало денег
some creditor or not was enough money

для срочного платежа; оба, муж и жена,
for urgent payment both (the) husband and (the) wife

шептались у окна, потом он подходил ко
whispered at (the) window then he approached to

мне и с серьезным лицом говорил:
to me and with serious face said

—Если вы, Павел Константиныч, в настоящее
If you Pavel Konstantinitsh in (the) present

время нуждаетесь в деньгах, то я и жена
time have need in money then I and (the) wife
of

просим вас не стесняться и взять у нас.
beg you not to be ashamed and to take from us

И уши краснели у него от волнения. А
And (the) ears became red with him from emotion And

случалось, что точно так же, пошептавшись у
(it) happened that as if so then whispering by

окна, он подходил ко мне, с красными
(the) window he approached to me with red

ушами, и говорил:
ears and said

—Я и жена убедительно просим вас принять
I and (the) wife earnestly beg you to accept

от нас вот этот подарок.
from us here this present

И подавал запонки, портсигар или лампу, и
And served cufflinks (a) cigarette case or (a) lamp and

я за это присылал им из деревни битую
I for this sent them from (the) village struck
(a) killed

птицу, масло и цветы. Кстати сказать, оба они
bird butter and flowers By the way to say both they

были состоятельные люди. В первое время я
were wealthy people In first time I

часто брал взаймы и был не особенно
often took on loan and was not especially

разборчив, брал, где только возможно, но
picky took where only possible but

никакие силы не заставили бы меня взять у
not any power not forced would me to take from
could force

Лугановичей. Да что говорить об этом!
(the) Luganovitshi Yes that to talk about this

Я был несчастлив. И дома, и в поле, и в
I was unhappy And at home and in (the) field and in

сарае я думал о ней, я старался понять
(the) barn I thought about her I tried to understand

тайну молодой, красивой, умной женщины,
(the) secret (of the) young beautiful intelligent woman

которая выходит за неинтересного человека,
who exits/marries for (an) uninteresting man

почти за старика (мужу было больше
almost for/with (an) old man (the) husband was more than

сорока лет), имеет от него детей,— понять
forty years has from him children to understand

тайну этого неинтересного человека, добряка,
(the) secret of this uninteresting man (a) good soul

простяка, который рассуждает с таким
(a) simpleton which reasons with such

скучным здравомыслием, на балах и
dull healthy-thoughts / sensibility on balls and

вечеринках держится около солидных людей,
(social) evenings keeps himself near solid people

вялый, ненужный, с покорным, безучастным
listless unnecessary with submissive indifferent

выражением, точно его привели сюда продавать,
expression as if him (they) led here to sell

который верит, однако, в свое право быть
who believes however in his right to be

счастливым, иметь от нее детей; и я всё
happy to have from her children and I all

старался понять, почему она встретилась
tried to understand why she met

именно ему, а не мне, и для чего это
exactly him and not me and for what this

нужно было, чтобы в нашей жизни
necessary was in order that in our life

произошла такая ужасная ошибка.
occurred such terrible mistake

А приезжая в город, я всякий раз по ее
And arriving in town I every time on her
in

глазам видел, что она ждала меня; и она сама
(the) eyes saw that she awaited me and she herself

признавалась мне, что еще с утра у
admitted to me that still from (the) morning with

нее было какое-то особенное чувство, она
her was some special feeling she

угадывала, что я приеду. Мы подолгу
guessed that I will arrive We for a long time

говорили, молчали, но мы не признавались
talked kept silent but we not admitted

друг другу в нашей любви и скрывали ее
friend other -in- our love and hid her
each other it

робко, ревниво. Мы боялись всего, что
timidly jealously We were afraid all that

могло бы открыть нашу тайну нам же самим.
possible would uncover our secret to us very selves
might

Я любил нежно, глубоко, но я рассуждал, я
I loved tenderly deeply but I was reflecting I

спрашивал себя, к чему может повести наша
asked myself to what can lead our

любовь, если у нас не хватит сил
love if with us not will suffice (the) force

бороться с нею; мне казалось невероятным,
to fight   with   her   to me   (it) seemed   unbelievable

что эта моя тихая, грустная любовь вдруг грубо
that this my quiet   sad   love   suddenly rudely

оборвет счастливое течение жизни ее мужа,
cut off   (a) happy   flow   (of) life (of) her husband

детей, всего этого дома, где меня так любили
children all   this at home where me   so (they) loved

и где мне так верили. Честно ли это?
and where to me so (they) trusted Honest whether this

Она пошла бы за мной, но куда? Куда бы
She went would for me but where (To) where would

я мог увести ее? Другое дело, если
I could take away her Another matter   if

бы у меня была красивая, интересная жизнь,
would with me was (a) beautiful interesting   life
    I would have

если б я, например, боролся за освобождение
if would I for example fought for (the) liberation

родины или был знаменитым ученым,
(of the) motherland   or   was   (a) famous   scientist

артистом, художником, а то ведь из одной
artist   painter   and   then   indeed   from   one

обычной, будничной обстановки пришлось бы
common   every day   surroundings   (one) had to   would
one would have to

увлечь ее в другую такую же или еще более
take away   her   in   another   such   same   or   still   more
to

будничную. И как бы долго продолжалось
every day-like   And   how   would   long   continued
long would   continue

наше счастье? Что было бы с ней в случае
our   happiness   What   was   would   with   her   in   case
would happen to her

моей болезни, смерти или просто если бы мы
of my   disease   death   or   simply   if   would   we

разлюбили друг друга?
stopped loving   friend   (the) other
each other

И она, по-видимому, рассуждала подобным же
And   she   visibly   reasoned   in similar   such

образом. Она думала о муже, о
manner She thought about (the) husband about

детях, о своей матери, которая любила ее
(the) children about her mother who loved her

мужа, как сына. Если б она отдалась
husband like (a) son If would she gave out herself
admit

своему чувству, то пришлось бы лгать или
of her feelings then had to would to lie or
it would be necessary

говорить правду, а в ее положении
to say (the) truth and in her position

то и другое было бы одинаково страшно и
that and another was would equally scary and
both things would be

неудобно. И ее мучил вопрос:
unpleasant And her tormented (the) question

принесет ли мне счастье ее любовь, не
will bring whether to me happiness her love not
would bring

осложнит ли она моей жизни, и без
makes difficult whether she my life and without
would make difficult

того   тяжелой,   полной   всяких   несчастий?   Ей
that   heavy   full   (of) all sorts of   misfortunes   Her
         severity

казалось,   что   она   уже   недостаточно   молода
(it) seemed   that   she   already (was) insufficiently   young

для   меня,   недостаточно   трудолюбива   и
for   me   insufficiently   work-loving   and
                                   hardworking

энергична,   чтобы   начать   новую   жизнь,   и   она
energetic   in order to begin   (a) new   life   and   she

часто   говорила   с   мужем   о   том,   что
often   spoke   with (her) husband   about   that   that

мне   нужно   жениться   на   умной,   достойной
to me   necessary to marry   on   (an) intelligent   worthy
        I should marry   with

девушке,   которая   была   бы   хорошей   хозяйкой,
girl   who   was   would (a) good   mistress
                         would be   farm lady

помощницей,—   и   тотчас   же   добавляла,   что
helpful   and   immediately then added   that

во   всем   городе   едва   ли   найдется,   такая
in   all   town   hardly whether   is found   such
       the whole town   maybe hardly

девушка.
(a) girl

Между тем годы шли. У Анны Алексеевны
Between that years went With Anna Alexeevna

было уже двое детей. Когда я приходил к
was already two children When I came to
used to come

Лугановичам, прислуга улыбалась приветливо,
Luganovitsh (the) servant smiled affable

дети кричали, что пришел дядя Павел
(the) children chirped that arrived uncle Pavel

Константиныч, и вешались мне на шею; все
Konstantinitsh and hung to me on (the) neck all

радовались. Не понимали, что делалось в
were happy Not (they) understood what (it) did in

моей душе, и думали, что я тоже радуюсь.
my soul and (they) thought that I also rejoiced

Все видели во мне благородное существо. И
All saw in me (a) noble creature And

взрослые и дети чувствовали, что по
(the) adults and (the) children felt that on
in

комнате ходит благородное существо, и это
(the) room goes (a) noble creature and this

вносило в их отношения ко мне какую-то
introduced in their relations to to me some

особую прелесть, точно в моем присутствии и
special charm as if in my presence also

их жизнь была чище и красивее. Я и
their life was more pure and more beautiful I and

Анна Алексеевна ходили вместе в театр,
Anna Alexeevna went together in (the) theater

всякий раз пешком; мы сидели в креслах рядом,
every time on foot we sat in armchairs next
together

плечи наши касались, я молча брал
(the) shoulders ours each other touched I silently took

из ее рук бинокль и в это время
from her hands (the) binoculars and in this time

чувствовал, что она близка мне, что она моя,
felt that she (was) near me that she (was) mine

что нам нельзя друг без друга, но, по
that to us (it is) impossible friend without (the) other but on
without each other for

какому-то странному недоразумению,
some strange misunderstanding

выйдя из театра, мы всякий раз
having come out from (the) theater we every time

прощались и расходились, как чужие. В городе
said goodbye and separated like strangers In town

уже говорили о нас бог знает что, но из
already (they) said about us god knows what but from

всего, что говорили, не было ни одного слова
all what (they) said not was not one word

правды.
(of) truth

В последние годы Анна Алексеевна стала чаще
In (the) last years Anna Alexeevna started often

уезжать то к матери, то к сестре; у нее
to leave then to (the) mother then to (the) sister with her

уже бывало дурное настроение, являлось
already occurred (a) bad mood appeared
used to be

сознание неудовлетворенной, испорченной
(a) sense (of) dissatisfaction (a) spoiled

жизни, когда не хотелось видеть ни
life when not (she) wanted to see neither

мужа, ни детей. Она уже лечилась от
(the) husband nor (the) children She already was treated from

расстройства нервов.
upset nerves

Мы молчали и всё молчали, а при
We kept silent and all kept silent and with

посторонних она испытывала какое-то странное
strangers she experienced some strange

раздражение против меня; о чем бы я ни
irritation against me about what would I not

говорил, она не соглашалась со мной, и если
said   she not   agreed   with   me   and   if

я спорил, то она принимала сторону моего
I argued then she   took   (the) side (of) my

противника. Когда я ронял что-нибудь, то она
opponent   When I dropped something   then she

говорила холодно:
said   coldly

—Поздравляю вас.
(I) congratulate   you

Если, идя с ней в театр, я забывал взять
If   walking with her in (the) theater I forgot to take

бинокль, то потом она говорила:
(the) binoculars then then   she   said

—Я так и знала, что вы забудете.
I so also knew that you will forget
                        would forget them

К счастью или к несчастью, в нашей жизни
To (the) happiness or to unhappiness in   our   life

не бывает ничего, что не кончалось бы рано
not happens nothing that not itself end would early

или поздно. Наступило время разлуки, так
or late Arrived (the) time (of) parting ways so

как Лугановича назначили председателем в
as Luganovitsh (they) appointed (as) chairman in

одной из западных губерний. Нужно было
one from (the) western provinces Necessary was

продавать мебель, лошадей, дачу. Когда
to sell (the) furniture horses (the) dacha When

ездили на дачу и потом возвращались и
(they) rode on (the) dacha and then returned and

оглядывались, чтобы в последний раз
looked around in order to in (the) last time

взглянуть на сад, на зеленую крышу, то
to glance on (the) garden on (the) green roof then

было всем грустно, и я понимал, что пришла
was all sad and I remembered that came

пора — time
прощаться — to say good-bye
не — not
с — with
одной — one
только — only
дачей. — dacha

Было — (It) was
решено, — decided
что — that
в — in
конце — (the) end
августа — (of) August
мы — we

проводим — bring out
Анну — Anna
Алексеевну — Alexeevna
в — in
Крым, — (the) Crimea
куда — where

посылали — sent
ее — her
доктора, — (the) doctors
а — and
немного — a little
погодя — later

уедет — will leave
Луганович — Luganovitsh
с — with
детьми — (the) children
в — in
свою — his

западную — western
губернию. — district

Мы — We
провожали — brought
Анну — Anna
Алексеевну — Alexeevna
большой — (with a) big
толпой. — crowd

Когда — When
она — she
уже — already
простилась — said goodbye / had taken leave of
с — with
мужем — (her) husband
и — and

детьми — children
и — and
до — until
третьего — (the) third
звонка — call
оставалось — remained
одно — one

не бывает ничего, что не кончалось бы рано
not happens nothing that not itself end would early

или поздно. Наступило время разлуки, так
or late Arrived (the) time (of) parting ways so

как Лугановича назначили председателем в
as Luganovitsh (they) appointed (as) chairman in

одной из западных губерний. Нужно было
one from (the) western provinces Necessary was

продавать мебель, лошадей, дачу. Когда
to sell (the) furniture horses (the) dacha When

ездили на дачу и потом возвращались и
(they) rode on (the) dacha and then returned and

оглядывались, чтобы в последний раз
looked around in order to in (the) last time

взглянуть на сад, на зеленую крышу, то
to glance on (the) garden on (the) green roof then

было всем грустно, и я понимал, что пришла
was all sad and I remembered that came

пора	прощаться	не	с	одной	только	дачей.
time	to say good-bye	not	with	one	only	dacha

Было	решено,	что	в	конце	августа	мы
(It) was	decided	that	in	(the) end	(of) August	we

проводим	Анну	Алексеевну	в	Крым,	куда
bring out	Anna	Alexeevna	in	(the) Crimea	where

посылали	ее	доктора,	а	немного	погодя
sent	her	(the) doctors	and	a little	later

уедет	Луганович	с	детьми	в	свою
will leave	Luganovitsh	with	(the) children	in	his

западную	губернию.
western	district

Мы	провожали	Анну	Алексеевну	большой	толпой.
We	brought	Anna	Alexeevna	(with a) big	crowd

Когда	она	уже	простилась	с	мужем	и
When	she	already	said goodbye / had taken leave of	with	(her) husband	and

детьми	и	до	третьего	звонка	оставалось	одно
children	and	until	(the) third	call	remained	one

мгновение, я вбежал к ней в купе,
moment   I   ran in   to   her   in   (the) compartment

чтобы положить на полку одну из ее
in order to   lay   on   shelf   one   of   her
  the coat rack

корзинок, которую она едва не забыла; и
baskets   which   she   hardly not   forgot   also
  almost

нужно было проститься. Когда тут, в
necessary   (it) was   to say goodbye   When   here   in

купе, взгляды наши встретились,
(the) compartment   glances   ours   met

душевные силы оставили нас обоих, я обнял
(the) spirit's   strength   left   us   both   I   embraced

ее, она прижалась лицом к моей груди, и
her   she   nestled   (her) face   (on)to   my   breast   and

слезы потекли из глаз; целуя ее лицо,
tears   flowed   from   (her) eyes   (I am) kissing   her   face

плечи, руки, мокрые от слез, —о, как
(the) shoulders   (the) hands   wet   from   tears   oh   how

мы были с   ней несчастны!— я признался ей в
we were with her   unhappy I confessed her in
   we were   of

своей любви, и   со жгучей болью в сердце я
my   love and with burning ache in (the) heart I

понял,   как ненужно, мелко и как обманчиво
understood how needless shallow and how deceptive

было всё то, что нам мешало любить. Я
was all that what to us prevented to love I

понял,   что когда любишь, то в своих
understood that when (you) love then in your

рассуждениях об этой любви нужно исходить
reasonings about this love necessary proceed
                       you should start

от высшего, от более важного, чем счастье
from higher from more important of what happiness
from something higher something more important than

или несчастье, грех или добродетель
or misfortune sin or virtue

в их ходячем смысле, или не нужно
in them going thought or not necessary
  in their accepted meaning   you should

рассуждать вовсе.
reason   at all

Я поцеловал в последний раз, пожал руку, и
I kissed (her) in (the) last time shook (the) hand and
          for

мы расстались— навсегда. Поезд уже шел. Я
we   parted   for always (The) train already went I

сел в соседнем купе, —оно было пусто,—
sat in (a) neighboring compartment it was empty

и до первой станции сидел тут и плакал.
and until (the) first station sat here and cried

Потом пошел к себе в Софьино пешком...
Then (I) went to myself in Sofino on foot

Пока Алехин рассказывал, дождь перестал и
While Alechin told (the) rain stopped and

выглянуло солнце. Буркин и Иван Иваныч
looked out (the) sun Burkin and Ivan Ivanitsh

вышли на балкон; отсюда был прекрасный
came out on (the) balcony from here (there) was (an) excellent

вид	на	сад	и	на	плес,	который
view	over	(the) garden	and	on	(the) water expanse	which

теперь	на	солнце	блестел,	как	зеркало.	Они
now	in	(the) sun	shone	like	(a) mirror	They

любовались	и	в	то	же	время	жалели,	что
admired	and	in	that	same	time	regretted	that

этот	человек	с	добрыми,	умными	глазами,
this	man	with	handsome	wise	eyes

который	рассказывал	им	с	таким
who	told	them	with	such

чистосердечием,	в	самом	деле	вертелся	здесь,	в
pure-heartedness	in	very	case	spun ran around	here	in

этом	громадном	имении,	как	белка	в	колесе,
this	enormous	(his) estate	like	(a) squirrel	in	(a) wheel

а	не	занимался	наукой	или	чем-нибудь
and	not	was occupied	(with) science	or	something

другим,	что	делало	бы	его	жизнь	более
else	that	made would make	would	him	(the) life	more

приятной;   и   они   думали   о   том,   какое,
pleasant   and   they   thought   about   that   how

должно   быть,   скорбное   лицо   было   у   молодой
(it) must   be   sorrowful   face   was   with   (the) young

дамы,   когда   он   прощался   с   ней   в
lady   when   he   parted   from   her   in

купе   и   целовал   ей   лицо   и   плечи.
(the) compartment   and   kissed   her   face   and   (the) shoulders

Оба   они   встречали   ее   в   городе,   а   Буркин   был
Both   they   (had) met   her   in   town   and   Burkin   was

даже   знаком   с   ней   и   находил   ее   красивой.
even   familiar   with   her   and   found   her   beautiful

www.ingramcontent.com/pod-product-compliance
Lightning Source LLC
LaVergne TN
LVHW051233080426
835513LV00016B/1563